Sonja Ulrike Klug
Chartres – der Kathedral-Führer

D1722643

Tempel für Himmel und Erde

Sonja Ulrike Klug

Chartres – der Kathedral-Führer

Geschichte, Architektur,
Schule, Skulpturen,
Labyrinth und Glasfenster
der französischen Kathedrale

KLUGES VERLAG

Bibliografische Information der Deutschen Nationalbibliothek

Die Deutsche Nationalbibliothek verzeichnet diese Publikation in der Deutschen Nationalbibliografie; detaillierte bibliografische Daten sind im Internet über http://dnb.d-nb.de abrufbar.

ISBN 978-3-9810245-3-1

Umschlaggestaltung: Martin Zech, Bremen
Satz und Layout: Das Herstellungsbüro, Hamburg,
    www.buch-herstellungsbuero.de
Druck und Bindung: Druckerei Lokay, Reinheim

Copyright © Kluges Verlag, Dr. Sonja Ulrike Klug
Menzenberger Str. 22, 53604 Bad Honnef
Fax: +49/(0)2224/902803, E-Mail info@buchbetreuung-klug.com

Originalausgabe 2007

Inhalt

»*Tempel der Menschheit! Denn der Gott, dem er gebaut war, ist nicht der Gott eines engen dogmatischen Bekenntnisses. Der Christus, der hier verehrt wurde, ist der, der in die Mysterien des Menschseins eintrat und sie offenbarte, der Hohepriester der Menschheit.*« (RICHTER, S. 86)

»*Von dieser Kirche wissen viele Menschen in der ganzen Welt. Und wer wirklich etwas von ihr ›weiß‹, muss sie lieben. Und solche gemeinsame Liebe knüpft einende Bande um Menschen über die ganze Erde hin, über die Unterschiede der Völker hinweg und die Grenzen der Staaten ...*« (HEYER, S. 8)

»Wem jemals das Glück zuteil wurde, verständnisbegabten
Sinnes Chartres besuchen zu können, dem wird sein Leben
lang unvergesslich das Bild der herrlichsten und wunderbarsten
aller Kathedralen wie ein innerer Dom vor der Seele stehen.«
(HEYER, S. 7)

Vorwort

Es ist etwas Besonderes an Chartres. Etwas, worin sich Chartres
von vielen anderen gotischen Kathedralen unterscheidet – etwas,
das jeder spürt, der einmal dort gewesen ist. In Chartres wirken
hohe Energien. Sie laden die Menschen, die sich einige Zeit in
das nähere Umfeld der Kathedrale oder in ihr Inneres begeben,
mit starken Kräften auf. Jeder, der diesen heiligen Ort besucht –
gleich ob aus spirituellen, kirchlich-religiösen oder einfach nur
aus touristischen Beweggründen – fühlt diese außergewöhn-
lichen Energien, die in anderen Kirchen oder Kathedralen nicht
in dieser Weise spürbar sind. »Chartres hat zu mir gesprochen«,
erzählen mir immer wieder Besucher der Kathedrale, die von ihrem Chartres-Ausflug verwandelt zurückkamen, weil sie dort mit
ihrem höheren Sein in Kontakt gekommen sind.

Was ist es, das diesen einzigartigen Kraftort ausmacht? Worin
liegt sein Zauber, sein Faszinosum? Ist es die herausragende
Geometrie mit dem goldenen Schnitt, der ein unmittelbares
Gefühl von gelungener Proportion, Harmonie und Schönheit
vermittelt? Sind es die klaren, schnörkellosen, beinahe strengen
Linien, die die Außenansicht des gotischen Baus bestimmen?
Sind es die wunderbaren Glasfenster aus dem Mittelalter, die mit
ihrem geheimnisvollen blau-roten Leuchten das Kirchenschiff in
ein mystisches Licht tauchen? Oder sind es die zahlreichen Gewändefiguren am Westportal, die mit ihrem entrückten, glückse-
ligen Lächeln von einem erhabeneren Leben künden?

Es ist all dies, aber es ist noch viel mehr: Chartres ist die Kathedrale der Wiedergeburt des Menschen – der Wiedergeburt in ein höheres Bewusstsein, in das Christusbewusstsein. Während in vielen anderen Kirchen Symbole des Todes eine besondere Rolle spielen, ist dies in Chartres nicht der Fall: Kein Bischof oder hoher Würdenträger wurde jemals hier beerdigt, und Darstellungen des Gekreuzigten finden sich nur ausgesprochen spärlich auf lediglich drei Glasfenstern. Stattdessen weist vieles auf diese Wiedergeburt des Menschen hin: *Notre-Dame de Chartres* ist der Jungfrau Maria und außerdem Johannes dem Täufer geweiht, denn die Taufe ist das Zeichen für die Wiedergeburt. Die Reliquie der Kathedrale ist der Schleier, den Maria bei Jesu Geburt getragen haben soll. Die Symbolwelt in Chartres ist auf die Wandlung des Menschen und auf seine Erhöhung ausgerichtet, und dies, wie es scheint, von den frühesten vorchristlichen Anfängen her.

Die Kathedrale ist in ihrer Gesamtkonzeption wie auch in all ihren baulichen Details – bis weit in die nicht sichtbaren Bereiche hinein – »durchkomponiert«. Nichts wurde hier dem Zufall überlassen, nichts ist einfach nur Dekor oder überflüssiger Zierrat. Doch muss sich das Auge des modernen Besuchers erst daran gewöhnen, muss wieder »sehen« lernen, um sich die ganze Bilder- und Symbolwelt, die ungewohnte Erhabenheit, Klarheit und Schönheit des Gebäudes zu erschließen. Unsere »weltlichen Behältnisse«, in denen wir heute üblicherweise leben, unsere Häuser und sonstigen Bauten, sind rechteckig, gleichförmig, rein funktional, betont schmucklos bis langweilig und vom Bauhausstil der 1920er-Jahre geprägt. Ungewohnt erscheint darum dem Betrachter zunächst das Kirchenschiff von Chartres in seiner Größe, seiner Majestät, seinem architektonischen wie künstlerischen Detail- und Gestaltungsreichtum, der auf den ersten Blick unverständlich wirken kann, so dass man geneigt ist, das Wesentliche in der Fülle der Darstellungen zu übersehen.

Dieses Buch möchte dem Besucher von Chartres eine Orientierung geben. Es möchte die unsichtbare Geschichte ebenso wie einige wesentliche sichtbare Elemente des gotischen Baus vor Augen führen und erläutern. Und es möchte darauf hinweisen, welche Kräfte hier im Hintergrund wirken. Neben dieses »Wissen« sollte dann das *unmittelbare* »Erleben und Erfahren« von Chartres treten. Denn erst der persönliche Besuch ermöglicht es dem Leser, selbst mit den hohen Energien der Kathedrale in Kontakt zu kommen.

Dr. Sonja Ulrike Klug   Bad Honnef, Ostern 2007

»Diese Kathedrale ist mehr als nur ein Meisterwerk;
sie ist eine Wesenheit aus Stein.« (MERZ, S. 97)

»Man wird die Herrlichkeit der Kathedrale nie ganz verstehen,
wenn man nicht sieht, dass sie doch nur die letzte reiche
Blüte aus einem unsichtbaren Stamm ist, dessen Wachstum
durch unausdenklich lange Zeiten geht und der immer wieder
trieb und ausschlug, und wenn man nicht dem leisen und
doch mächtigen Leben in diesem unsichtbaren Stamm zu
lauschen bereit ist. Durch ein Jahrtausend fast können wir
sein lebendiges Sprossen zurückverfolgen. Dann verlieren sich
die Wurzeln in einem Dunkel voller Geheimnisse, die man
aber immer noch ahnen kann. Welch unendliche Kraft, die es
vermochte, dass jede Zerstörung immer nur die Möglichkeit zu
neuer strahlenderer Größe wurde!« (RICHTER, S. 11)

1. Die Entwicklung der Kathedrale

Für die Baugeschichte von Chartres werden im Allgemeinen »fünf Kirchen« angegeben. Dies ist möglicherweise nicht ganz korrekt, entspricht aber dem, was sich historisch über beinahe zwei Jahrtausende hinweg noch einigermaßen verlässlich rekonstruieren lässt. Denn die frühen Kirchenbauten von Chartres lassen sich heute nicht mehr nachweisen; ihr Vorhandensein kann nur noch indirekt aus wenigen erhaltenen Schriften erschlossen werden. Wahrscheinlich hat es mehr als nur fünf zeitlich aufeinander folgende Bauten in Chartres am heutigen Ort der Kathedrale gegeben.

- Die erste Kirche geht auf die christlichen Anfänge in der Zeit zwischen ca. 350 und 743 zurück.
- Für die zweite Kirche der merowingischen Zeit war die Zeit zwischen 743 und 858 maßgeblich.

- Die dritte Kirche aus der Karolingerzeit wurde von Bischof Giselbert errichtet und stand zwischen 858 und 1020.
- Die vierte Kirche, der sogenannte »Fulbert-Bau« – zugleich der erste, der sich bautechnisch teilweise noch rekonstruieren lässt und historisch gut belegt ist – wurde im romanischen Stil errichtet und stand zwischen 1020 und 1194.
- Die fünfte Kirche schließlich ist die gotische Kathedrale, wie wir sie heute kennen. Sie wurde zwischen 1194 und 1220 errichtet.

Doch die Ursprünge von Chartres wie auch die Ursprünge des heutigen Ortes, an dem die Kathedrale steht, reichen weit in die vorchristliche Zeit zurück, mindestens bis in die Zeit der Kelten, möglicherweise aber noch etliche Jahrhunderte – oder Jahrtausende – darüber hinaus.

Die vorchristlichen Ursprünge

Chartres lag im Gebiet des keltischen Stammes der Carnuten (kelt. *carns* = »Altar«, *cairns* = »Felsen«), die der Stadt ihren Namen gaben *(Carnut-Is)*; in der Römerzeit wurde die Stadt *Autricum* genannt, eine Ableitung von *Autura*, dem keltischen Namen der *Eure*, also des Flusses, an dem Chartres liegt; im Mittelalter hieß die Stadt *Carnotum*. Die keltische Kultur wird von der Wissenschaft allgemein in die Zeit zwischen etwa 500 bis 50 vor unserer Zeitrechnung datiert, was aber nicht unbedingt richtig sein muss. Es sind die sogenannten »empirischen Befunde« aus diesem Zeitraum (Alltagsgegenstände, Grab- und Wohnstätten usw.), auf denen die heute übliche Datierung der Archäologie beruht. Möglich ist jedoch, dass die keltische Kultur weitaus älter ist und viel weiter in die vorchristliche Zeit zurückreicht, als es die Wissenschaft derzeit nachweisen kann.

Von der keltischen Kultur wissen wir nicht sehr viel, weil die Kelten keine schriftlichen Aufzeichnungen hinterlassen haben.

Noch weniger Gesichertes wissen wir von dem Ort der heutigen Kathedrale und der Stadt Chartres selbst. So müssen wir uns auf Legenden und auf einige wenige Überlieferungen aus späteren Zeiten verlassen, um die vorchristlichen Ursprünge der Kirche zu erkunden.

Samotes, der erste König und Gesetzgeber der Gallier bzw. Kelten, soll die Gomeriten, die Nachfahren von Noahs Sohn Japhet, nach Gallien geführt haben, wo sie eine Kolonie in der Mitte des Landes anlegten, die spätere Stadt Chartres. Der römische Feldherr Cäsar, der bekanntlich die Kelten und die Germanen unterwarf und ihr Territorium dem Römischen Reich einverleibte, schildert die Druiden in seinem bekannten Werk *De Bello Gallico* (*Über den gallischen Krieg, VI, 13f.*) als weise Priester, deren große Gelehrsamkeit Ursache für den hohen Wissensstand der Carnuten war:

»*Zu einer bestimmten Jahreszeit kommen sie an einem heiligen [geweihten] Ort im Gebiet der Carnuten zusammen, das als Mitte ganz Galliens gilt. Von überall treffen hier alle zusammen, die Streitigkeiten haben, und gehorchen den Entscheidungen und Urteilen der Druiden. ...*

Die Druiden ziehen gewöhnlich nicht in den Krieg ... Viele begeben sich freiwillig in die Lehre. Man sagt, dass sie dort eine große Anzahl von Versen auswendig lernen und so einige zwanzig Jahre in der Lehre bleiben. Sie glauben, dass es nicht göttliches Gebot sei, diese Lehre Büchern anzuvertrauen, während sie in allen übrigen öffentlichen wie privaten Angelegenheiten die griechische Schrift benutzen. Dies scheint mir aus zwei Gründen so eingeführt zu sein: Sie wollen weder, dass die Lehre unter den Menschen verbreitet wird, noch dass die Lernenden im Vertrauen auf das Geschriebene ihr Gedächtnis weniger üben. Denn bei den meisten geschieht es, dass sie, gestützt auf das Schriftliche, ihre Sorgfalt beim Lernen und ihr Gedächtnis vernachlässigen. Vor allem wollen sie davon überzeugen, dass die Seelen unsterblich sind und nach dem Tode vom einen zum anderen wandern. Sie glauben, dass man am meisten zur Tüchtigkeit angespornt wird, wenn man die Todes-furcht überwunden hat. Außerdem untersuchen sie intensiv die Gestir-ne und ihre Bewegung, die Größe des Weltalls und der Erde, die Natur der Dinge, die Kräfte wie auch das Vermögen der unsterblichen Götter, und sie geben dies an die Jugend weiter.«

Aus der Beschreibung Cäsars geht nicht eindeutig hervor, ob der genannte zentrale Versammlungsort der Kelten wirklich Chartres war. Es könnte sich auch um das südlicher gelegene Orléans *(Cen-abum)* gehandelt haben, das als Hauptstadt der Carnuten galt.

Bemerkenswert ist der Hinweis Cäsars auf die astronomischen Kenntnisse der Druiden, die durchaus als »Priesterastronomen« bezeichnet werden können. Die Priester vieler vorchristlicher Kul-turen waren in der Lage, anhand der Beobachtung der Gestirne die Zeit zu messen, also die Länge des Tages wie auch der Mo-nate und des Jahres zu bestimmen. Im Wort »Tempel« steckt das lateinische Wort für Zeit, *tempus;* es weist noch darauf hin, dass heilige Stätten nicht nur religiösen Zwe-cken, sondern oft auch der Zeitmessung dienten. Voraussetzung dafür war, dass sie auf einer Anhöhe, einem Berg oder einem Hügel, lagen, denn so konnten Visierli-nien zu anderen benachbarten Hügeln oder Bergen gezogen werden, die für die genaue Bestimmung des Sonnenauf- und -untergangs, der Sommer- und Winter-sonnenwende wie auch der Frühlings- und Herbst-Tagundnachtgleiche und der Mondumläufe notwendig waren. Die heu-tige Kathedrale von Chartres liegt – wie viele andere Kirchen in Europa – auf einer solchen Anhöhe, einem Kalksteinhügel.

Die Kathedrale ragt weit über die Ebene der Beauce, des Land-strichs um Chartres, hinaus, die Stadt hingegen nicht

Von daher ist es wahrscheinlich, dass in Cäsars Text tatsächlich Chartres gemeint ist und dass der Ort der heutigen Kathedrale in vorchristlicher Zeit als zentrale heilige Stätte der Kelten auf dem Festland vielfältige Funktionen erfüllte: Er mag als religiöser Versammlungsort, als Gerichtsplatz, als Lehrstätte für die Ausbildung jüngerer Priester, als Heilstätte für Kranke und als zentraler Orientierungspunkt für astronomische Messungen gedient haben.

Steinkreise, wie wir sie von den frühen Megalith-Kulturen her kennen, erfüllten oft astronomische Funktionen. Der bekannteste uns überlieferte Steinkreis ist Stonehenge, dessen Steinsetzungen klare Bezüge zur Sommer- und Wintersommerwende sowie Visierlinien erkennen lassen. Eine Beziehung zwischen der keltischen Kultur und der vorchristlichen Megalith-Kultur ist möglich, aber wissenschaftlich nicht erwiesen. Viele Megalith-Denkmäler sind tausend oder mehr Jahre älter, als das Keltentum derzeit datiert wird. Es ist möglich, dass die Druiden die überlieferten Megalith-Denkmäler einer älteren Kultur – also Menhire, Dolmen, Steinkreise und Steinreihen – für ihre Zwecke nutzten; es ist aber auch möglich, dass diese Megalith-Denkmäler keltischen Ursprungs sind. Bei den Kelten steht allerdings eher als der Bezug zum Stein ihr enger Bezug zur Natur, speziell zur Eiche, im Vordergrund. Das Wort »Druide« setzt sich zusammen aus keltisch *dru* für »Eiche« und *wid* für »Wissen«. Es ist bekannt, dass die Kelten ihre Versammlungen gerne in Eichenhainen abhielten, und auch in der heutigen Kathedrale spielt die Eiche mancherorts eine Rolle. So stehen zum Beispiel einige der Gewändefiguren des Nord- und des Südportals auf »drehenden« Säulen, die mythologisch den Weltenbaum darstellen; die Säulen sind unübersehbar mit Eichenlaub geschmückt.

»Rotierende« Säulen mit Eichenlaub, Gewändefiguren am Südportal

In der Umgebung von Chartres finden sich an vielen Orten Denkmäler der vorchristlichen Megalith-Kultur; etliche Steinkreise wurden bereits im 19. Jahrhundert vom statistischen Amt der Region

Eure et Loire schriftlich dokumentiert. Von daher ist es möglich, dass am Ort der heutigen Kathedrale vor drei- oder viertausend Jahren ein Megalith-Denkmal, ein Steinkreis oder ein Dolmen, stand. Nach wie vor gibt uns die Megalith-Kultur mit ihren Steinsetzungen, die nicht nur in Europa, sondern rund um den Globus zu finden sind – bis nach Ägypten und Südamerika –, Rätsel auf und verweist auf eine einst möglicherweise weltweit umspannende und im Hinblick auf die offenkundigen astronomischen Kenntnisse auch hochentwickelte Urkultur, die heute verloren und in Vergessenheit geraten ist. Es ist davon auszugehen, dass viele christliche Kirchen in Europa auf dem Boden früherer vorchristlicher bzw. »heidnischer« Kultstätten der Megalith-Zeit errichtet worden sind; Chartres wäre hier kein Einzelfall.

Im Hinblick auf die Kelten in Chartres können wir uns auf die Schrift des Bischofs Érard de la Marck aus dem 16. Jahrhundert stützen, der Folgendes berichtet:

»Als Cäsar noch nicht nach Gallien gekommen war, ... lebten einige der Besten unter den Carnuten – Männer, die in diesen geheimen Dingen sehr bewandert waren – durch Gottes übergroße Barmherzigkeit in ständigem Glauben und in der Erwartung an eine ›Jungfrau, die gebären wird‹ (›Virgo paritura‹). Bald gelangte sogar der überaus fromme Fürst der Carnuten zu dieser Einstellung. Er stellte auch das erhabene Bild der Jungfrau, die das Kind trägt, zur Verehrung für sich und die Seinen in einem Heiligtum der heidnischen Götter an einem geheimen Ort auf ...« (Halfen, S. 26; übers. von S. Klug).

Es scheint, dass die Druiden das Ende ihrer eigenen keltischen Kultur voraussahen. Sie wussten – durch den Kontakt mit anderen Mysterienstätten des Altertums wie auch durch hellseherische Kräfte –, dass mit dem Christentum ein neues Zeitalter heraufdämmerte. Und sie mögen auch erkannt haben, dass es in diesem neuen Fische-Zeitalter, das mit der Sichtbarkeit des Sternzeichens Fische zur Frühjahrs-Tagundnachtgleiche am 21. März um das Jahr null begann, geistig dunkler werden würde um die Menschheit. Immer dichter senkte sich der Schleier des Irdischen auf die Menschen und hinderte sie an einem direkten Kontakt zu höheren geistigen Mächten. Aber der tiefere Fall in die Materie ist ebenso Teil der menschlichen Entwicklung wie ihr späterer erneuter Aufstieg in ein höheres Bewusstsein, dem die Kathedrale geweiht ist. Der Aufstieg ins Christusbewusstsein wird mit dem Eintritt ins sogenannte Wassermann-Zeitalter beginnen, wenn die Sonne noch in diesem Jahrhundert am 21. März im Sternzeichen des Wassermanns aufgeht.

Dass die Druiden das Heraufdämmern des Christentums mit Maria als hervorragender Gestalt voraussahen, stellte der Kirchenhistoriker Sébastien Rouillard in einem Werk aus dem Jahre 1609 in Form eines Bildes dar. Gezeigt wird darauf, wie Priester die Jungfrau Maria mit dem Kind verehren, die auf einem eichenbestandenen Hügel in einer Art Grotte positioniert ist. Zu ihren Füßen findet sich die Bezeichnung »Altar der Druiden« *(l'Autel des Druides)*.

Auch im Hinblick auf Maria gibt es einen Bezug zur vorchristlichen Zeit. Bereits im 19. Jahrhundert fand man in Chartres gallorömische Tonfiguren einer Muttergestalt, die mit einem oder mit zwei Kindern auf dem Arm dargestellt wird. Die Verehrung einer solchen »Muttergöttin«, der »großen Mutter«, ist in vielen Kulturen rund um die Welt verbreitet. Ob Ischtar, Artemis, Sophia, die keltische Belisama oder die ägyptische Isis mit dem Horusknaben: Die Muttergöttin verkörpert archetypisch das ewig-weibliche Prinzip aller Religionen und Kulturen – und sie verweist auf das Prinzip der Geburt und der Wiedergeburt des Menschen.

Noch heute existiert in der Krypta eine **schwarze Madonna** *(La-*

Druiden verehren die *Virgo paritura* – die Jungfrau, die gebären wird (Stich aus dem 17. Jahrhundert von S. Rouillard in dem Werk *Parthenie ou Histoire de la très auguste et très dévote Église de Chartres)*

Notre-Dame-de-Sous-Terre, Statue der schwarzen Madonna in der Krypta

Vièrge-de-Sous-Terre), die ein getreues Nachbild der Jungfrau sein soll, wie sie die Druiden in vorchristlicher Zeit verehrt hätten (siehe Abb. links). Die heutige Figur aus Birnbaumholz ist die Nachbildung eines Originals, das während der Französischen Revolution zerstört wurde. Ein auffälliges Merkmal kennzeichnet diese Jungfrau: Ihre Krone besteht aus Eichenblättern – ein Motiv, das im christlichen Umfeld eher ungewöhnlich ist, aber umso mehr auf das Keltentum verweist.

In der Gegend um Chartres gab es bis zur Mitte des 19. Jahrhunderts einen seltsamen keltischen Brauch: Zum Jahreswechsel wünschte man sich gegenseitig *l'éguilanleu.* Diese inzwischen unverständlich gewordene Formel bedeutet so viel wie *le gui l'an neuf* – die »Neujahrsmistel«, die nach einem Bericht des antiken Historikers Herodot von den Druiden zur Wintersonnenwende nach Opferung eines weißen Stiers (= Hinweis auf das Stier-Zeitalter) mit goldener Sichel abgeschnitten wurde.

Auf dem Bild von Rouillard gibt es noch ein weiteres hervorstechendes Element: den **Brunnen** *Le-Puits-des-Saints-Forts* (»Brunnen der starken Heiligen«) neben dem Altar. Es wird überliefert, dass bereits die Kelten am Ort der heutigen Kathedrale einen Brunnen mit heilender Wirkung gekannt haben sollen; man beachte den gleichen Wortstamm von »heil« und »heilig«. Dieser Brunnen bestand in christlicher Zeit weiter fort, und er soll insbesondere Bischof Fulbert veranlasst haben, die Krypta der Kirche im 11. Jahrhundert zu einem Ort der Heilung auszubauen. Bis ins 13. Jahrhundert hinein hielten sich Kranke neun Tage und Nächte in der Krypta in der Nähe des Altars der Jungfrau auf, um geheilt zu werden. Zu ihrer Betreuung gab es einen besonderen Orden, die *Dames des Saints-Lieux-Forts,* die die Kranken wie in einem Hospital versorgten und pflegten. Hier lebte offenbar eine vorchristliche Tradition weiter, wie sie ähnlich in Asklepios-Heiligtümern gepflegt worden war.

Erst der Klerus des 17. Jahrhunderts hielt das Trinken des heilbringenden Wassers für einen heidnischen Brauch und ließ den Brunnen zuschütten sowie im oberen Bereich zerstören. Über mehrere Jahrhunderte hinweg geriet sein Standort völlig in Vergessenheit. 1901 entdeckte René Merlet seinen wahren Standort wieder: Er befindet sich in der Krypta in der Höhe des Chorumgangs auf der nördlichen Seite (siehe Farbtafel S. 97) in unmittelbarer Nähe eines gallorömischen Mauerrestes, ist aber heute für Besucher nicht mehr zugänglich. Stattdessen wurde an anderer Stelle ersatzweise in der Krypta ein Brunnen gegraben, der jedoch kein Wasser führt. Merlet stellte fest, dass die Fundamente des Brunnens viereckig sind, was auf keltische Ursprünge hindeutet, der obere Teil aber rund ist, was auf spätere Überbauungen in römischer Zeit verweist. Der Brunnen hatte nach Merlet eine Tiefe von 33 Metern, gemessen vom Fußboden der Krypta aus; hinzu kommt der Wasserspiegel, der noch einmal eine Höhe von etwa drei Metern hatte. Der Brunnen spielt für die Architektur der heutigen gotischen Kathedrale eine zentrale Rolle, wie wir noch sehen werden.

■ Chartres hat vorchristliche Ursprünge, die mindestens in die Zeit des Keltentums (ca. 500 v. Chr.), möglicherweise aber noch weiter bis in die Zeit der Megalith-Kultur (ca. 3000 bis 1200 v. Chr.) zurückreichen. Am Ort der heutigen Kathedrale sollen die Kelten bereits einen Brunnen mit heilendem Wasser genutzt und eine *Virgo paritura*, eine »Jungfrau, die gebären wird«, verehrt haben. Möglicherweise befand sich dort ein Megalith-Denkmal – ein Steinkreis oder Dolmen – und ein Eichenhain, die von den Druiden als religiöser Versammlungsort, Gerichtsplatz, Schule und Orientierungspunkt zur Zeitmessung genutzt wurden.

Die erste christliche Kirche

Wie wurde Chartres nun christlich? Erneut müssen wir in Ermangelung gesicherten Wissens die Legende bemühen: Josef von Arimatheia, der Onkel von Jesus, wurde von einem Engel beauftragt, das von Christus beim letzten Abendmahl gebrauchte Gefäß, den Heiligen Gral, westwärts zu tragen, bis er einen Ort fände, wo sein Stab, in die Erde eingepflanzt, blühte. An dieser Stelle sollte der Gral seine Heimat finden. Josef und seine Begleiter brachen von Palästina auf und kamen auf dem Weg nach England, genauer gesagt nach Avalon, das heutige Glastonbury, auch in Chartres vorbei. Beeindruckt von dem Ort Chartres – möglicherweise auch von der dort schon vorhandenen Kultstätte oder der Verehrung der Jungfrau durch die Druiden – sandten sie einen Boten nach Ephesos zu Maria, der Mutter von Jesus, und baten um Erlaubnis, ihr den Ort weihen zu dürfen. Maria war einverstanden, und durch diese Weihe soll Chartres zum ersten Mal mit dem Christentum wie auch mit dem Heiligen Gral verbunden gewesen sein. Diese Legende ist darum so gefällig, weil sie einen »eleganten Bogen« von Chartres zur Heiligen Familie, zum Heiligen Gral und zu einer weiteren mystischen Stätte, nämlich Avalon in England, schlägt; sie datiert um das Jahr 70 herum.

Nach einem Chartreser Manuskript aus dem 13. Jahrhundert, das auf den Gründer der Kirche von Sens zurückgehen soll, wurde allerdings schon um das Jahr 33 oder 40 das Evangelium an den Ort gebracht: Petrus schickte von Rom aus drei Schüler nach Gallien, und zwar Savinian, der einer der 72 Jünger Jesu gewesen sein soll, Potentian und Altin. Zunächst kamen die drei nach Sens und bekehrten Serotin und Eodald; in Sens, wo sich noch heute eine gotische Notre-Dame-Kathedrale befindet, errichteten sie die erste Kirche. Während Savinian in Sens blieb, zogen Potentian und Serotin nach Troyes, ebenfalls bis heute Ort einer gotischen Kathedrale. Altin jedoch wanderte mit Eodald eine alte Römerstraße entlang über Orléans nach Chartres. Die beiden hatten es leicht, die dortige Bevölkerung zum Christentum zu bekehren, da in Chartres bereits durch die Druiden seit längerer Zeit die heilige Jungfrau verehrt wurde, und so gründeten sie die erste christliche Kirche zu Ehren Marias – eine Kirche, über die uns nichts Genaueres überliefert ist.

Es dauerte nicht lange, bis Altin und Eodald vom römischen Statthalter Quirinus gefangen genommen und damit zu frühen Märtyrern wurden. Das Christentum wurde von den Römern in den ersten Jahrzehnten nach unserer Zeitrechnung nicht akzeptiert. Im eher politisch als religiös orientierten Römischen Reich hatte man zwar meist nichts dagegen, dass »jeder nach seiner Fasson selig werden« durfte – schon Cäsar sah die keltischen und germanischen Götter als identisch mit den römischen an, lediglich mit veränderten Namen –, doch befürchtete man politische Unruhen. Hatte schon Jesus selbst als vermeintlicher neuer »König der Juden« (INRI = *Iesus Nazarenus Rex Iudaeorum*) als Unruhestifter und Aufständler gegolten, so sah man dieselbe Gefahr einer Untergrabung politischer Macht und Autorität auch bei den Christen. Kurzerhand ließ Quirin viele Christen umbringen und angeblich in den heiligen Brunnen werfen. Selbst Modesta, seine eigene Tochter, die sich zum christlichen Glauben bekehrt hatte, verschonte er nicht und ließ sie töten. Sie hatte ihrem Vater angeboten, dass sie ihr Leben hergeben wollte, wenn er dafür den heiligen Altin, möglicherweise auch den heiligen Potentian, verschonte.

Dass die Toten tatsächlich in den Brunnen geworfen wurden, ist historisch wenig wahrscheinlich, weil er dann ebenso wie weitere Wasserquellen der Stadt, die von der *Eure* gespeist wurden, für sehr lange Zeit vergiftet worden und die Trinkwasserversorgung von Chartres gefährdet gewesen wäre. – Zum Andenken an die Tochter des römischen Statthalters, die selbst

Der heilige Potentian und Modesta am Vorhallenpfeiler des Nordportals zur Märtyrerin wurde, findet sich seit dem 13. Jahrhundert an der gotischen Kathedrale eine große Gewändestatue der Modesta am rechten Vorhallenpfeiler des Nordportals.

Schließlich soll von Altin und Eodald als erster Bischof Aventin eingesetzt worden sein. Er übte 30 Jahre unter dem römischen Statthalter Quirin sein Amt aus. Quirin soll für seine Tötung der Christen vom Volk bestraft worden sein, so dass er nichts gegen einen christlichen Bischof einzuwenden hatte. Außerdem bröckelte die Macht des Römischen Reiches zunehmend, und nach und nach lernte man in Rom, sich mit der christlichen Bevölkerung zu arrangieren; schließlich brauchte man ihre dauerhafte Mitarbeit in der Verwaltung wie auch im Militär und konnte nicht das ganze Volk ständig gegen sich aufbringen.

Eine weitere Geschichte verbindet die Legende der Heiligen Familie mit den Aussagen des Chartreser Manuskripts: Maria Magdalena und ihre Geschwister Martha und Lazarus hätten mit Maximin, Altin und Eodald das Mittelmeer überquert, um der Christenverfolgung in Palästina zu entgehen. So seien sie nach Chartres gekommen, wo sie bereits eine Kirche vorfanden, die sie der Heiligen Jungfrau weihten.

Josef von Arimatheia, Savinian, Potentian, Altin, Modesta, Maria Magdalena – welche der vielen Geschichten und Legenden um die Entstehung der ersten Kirche in Chartres ist nun wahr? Das Mittelalter hatte eine andere Perspektive auf die Realität, als wir es heute gewöhnt sind. Geprägt vom wissenschaftlichen Denken gehen wir häufig fälschlich davon aus, dass es nur *eine* Realität gebe und diese allein der Wahrheit entspreche. Diese eine Realität kann, so glauben wir, von der Wissenschaft herausgefunden werden; demzufolge müssten alle übrigen Realitäten dann falsch sein. Das Mittelalter hatte hier jedoch eine ganz andere Sicht: Es war nicht bedeutsam, welche der vielen Legenden um die christliche Begründung von Chartres »wahr« ist, wie es sich also »wirklich zugetragen« hat. Während wir heute ein eher *dinghaftes* Bewusstsein haben, das darauf ausgerichtet ist, einzelne Objekte isoliert zu identifizieren und durch kausale Verbindungen logisch eindeutig zu verknüpfen, war das Mittelalter, auch die Schule von Chartres (siehe 5. Kapitel), von einem *bildhaften* Bewusstsein geprägt. Es ging darum, geschaute Urweisheiten oder Wahrheiten (Archetypen der Seele) in Bilder zu kleiden, die dann zu Mythen, Märchen, Legenden, Allegorien verwoben wurden. Auch wenn diese jeweils verschiedene Deutungsmöglichkeiten offen lassen, so ist doch jede Deutung von ihrem individuellen Standpunkt aus gesehen wahr.

Daher finden wir in verschiedenen Quellen und Berichten über Chartres unterschiedliche Sichtweisen, die letztlich verschiedene Stränge mündlicher Erzählungen, die über Jahrhunderte weitergetragen wurden, immer wieder individuell neu deuten und zu einem sinnhaften Ganzen zusammenführen. Die Inhalte der Geschichten werden dann vielfach in und an der heutigen Kathedrale künstlerisch »nacherzählt«, so z. B. in den zahlreichen Gewändefiguren an den Portalen und in den Glasfenstern; auf diese Weise lebt die Tradition weiter fort. Das macht Sinn, denn wenn uns auch von den früheren Bauwerken beinahe nichts überliefert ist, so sind sie uns doch bis heute in den Geschichten der Menschen, die damit in Verbindung standen, lebendig. Erfreuen wir uns also an den vielfältigen Geschichten, die uns Gelegenheit geben, etwas vom Wesen der Kathedrale zu erfassen.

Zurück zur Geschichte von Chartres: Historisch ist Chartres etwa ab dem Jahre 350 urkundlich als Bischofssitz belegt. Somit betreten wir hier erstmals gesicherten »wissenschaftlichen Boden« im Sinne der Neuzeit. Damit gehört Chartres zu den ersten Städten in Europa, in denen sich das Christentum dauerhaft etablierte. Man muss sich vergegenwärtigen, dass dies im 4. Jahrhundert noch keineswegs selbstverständlich war. Längst war das Christentum noch nicht überall als Religion »verbindlich«. Seine Ausbreitung und Etablierung zog sich vielmehr in weiten Teilen Frankreichs und Deutschlands bis ins 8. und frühe 9. Jahrhundert hinein. Bis zu diesem Zeitpunkt war das »Heidentum« in Europa noch verbreitet. Häufig kam es vor, dass ein Ort, der bereits zum Christentum bekehrt war, durch Kriege diverser Landesfürsten wie auch durch die Völkerwanderungen der verschiedenen Volksstämme jener Zeit, wieder »rückfällig« wurde und die Bevölkerung zu germanischen oder keltischen Kulten zurückkehrte. Erst durch den vehementen Einsatz Karls des Großen und seine Kriege im Auftrag des Papstes wurden die heidnischen Kulte endgültig unterbunden und das Christentum in Frankreich und Deutschland gefestigt.

Es scheint, dass in Chartres im Gegensatz zu vielen anderen Orten Europas der Übergang von der keltischen Religion zum Christentum fließend und beinahe unblutig verlief – dies wohl vor allem darum, weil die Druiden bereits über Jahrhunderte im voraus erkannt hatten, dass das Christentum dereinst die keltische Religion ablösen würde, und die *Virgo paritura* verehrt hatten. Viele Orte, die wie Chartres bereits ab dem 4. Jahrhundert kontinuierlich christlich geprägt waren und als Bischofssitze beurkundet sind, sind bis heute Hochburgen des Katholizismus

Kathedrale	Bezeichnung einer bischöflichen Kirche (lat. *cathedra* = Bischofssitz; davon Ableitung des Begriffs »Katheder« = Lehrpult, Lehrstuhl).
Dom	Meist in Deutschland gebrauchtes Synonym für »Kathedrale« (lat. *domus* = Haus, also Gotteshaus).
Münster	Ursprünglich Bezeichnung für eine Kirche, die zu einem Kloster gehörte (lat. *monasterium* = Kloster), heute auch für Kirchen ohne Kloster gebräuchlich.
Basilika	Eine architektonische Bezeichnung für eine bestimmte Bauform: eine Kirche, die aus einem Haupt- und mehreren Seitenschiffen besteht, wobei das mittlere Hauptschiff höher ist als die Seitenschiffe (griech. *basilikos* = königlich); außerdem Ehrenbezeichnung der katholischen Kirche für bestimmte Kirchengebäude, unabhängig von ihrer architektonischen Form.

geblieben. Dazu gehören neben Chartres zum Beispiel Orléans, Sens, Strassburg, Köln, Mainz, Trier und Augsburg, um einige Beispiele zu nennen.

Wer der erste Bischof von Chartres war, ist nicht gesichert. Nach manchen Überlieferungen soll es Aventin gewesen sein. Doch wenn er tatsächlich bereits von Altin und Eodald eingesetzt worden war, musste er um 350 längst verstorben sein. Auf jeden Fall war Chartres ab etwa 350 Kathedral-Stadt. Daher darf mit Sicherheit angenommen werden, dass Chartres ab 350 eine Kirche – die sogenannte »erste Kirche« – besaß, auch wenn von ihr nichts überliefert ist. Es wird sich wahrscheinlich um eine Holzkonstruktion gehandelt haben.

Die früheste in Chartres historisch belegte Gestalt ist der Bischof Martin Candidus (Martin le Blanc), der im frühen 5. Jahrhundert die Kirche *Saint-Martin-au-Val* gründete, wo eine Grabinschrift auf seinen Namen lautet. *Saint-Martin-au-Val* liegt etwa 1000 Meter südöstlich der Kathedrale unten im Tal und jenseits der *Eure*. Seit dem Tode von Martin Candidus ist es zum einen üblich, dass die Chartreser Bischöfe die Nacht vor ihrem Amtsantritt in dieser Kirche verbringen, von wo sie am nächsten Morgen zur Bischofsweihe abgeholt werden. Zum anderen werden hier auch die verstorbenen Bischöfe beigesetzt, weil sie ja in der Kathedrale selbst nicht bestattet werden können. Durch archäologische Grabungen fand man heraus, dass sich im Umkreis von *Saint-Martin-au-Val* ein uralter Friedhof befand, der eine bereits in vorchristlicher Zeit existierende Begräbnisstätte weiterführte.

Von einem anderen Bischof aus dem 5. Jahrhundert, dem heiligen Solemnis, wird berichtet, dass er maßgeblich an der Bekehrung des Merowingerkönigs Chlodwig beteiligt gewesen sein soll. Eine weitere herausragende Gestalt zur Zeit der »ersten Kirche« ist Bischof Lubinus, von dem noch heute die sogenannte Lubinusgruft in der Krypta zeugt. Ihm ist auch eines der mittelalterlichen Glasfenster im westlichen Seitenschiff gewidmet, das seine Lebensgeschichte erzählt. Lubinus war ein beim Volk sehr beliebter

Bischof, der aus einfachen Verhältnissen stammte. Als Hirtenjunge, der vor den Toren Chartres' die Schafe hütete, zeigte er bereits früh Interesse an der Schrift. Ein vorbeireisender Geistlicher schrieb dem lernbegierigen Jungen auf seine Bitte das Alphabet auf seinen Gürtel. Als Lubinus nach Hause kam und sein Vater dies sah, sorgte er dafür, dass sein Sohn Schreibunterricht erhielt. Später trat Lubinus ins Kloster Noailles bei Poitiers ein und reiste viel herum zu verschiedenen Kongregationen. Schließlich soll ihn der heilige Avitus mit dem Amt des Kellermeisters betraut haben, bevor er zum Bischof von Chartres ernannt wurde.

Die **Lubinusgruft** (siehe Zeichnung S. 97, A) gehört zum ältesten heute noch zugänglichen Teil der Kathedrale in der Krypta. Sie befindet sich unter dem Apsismittelpunkt am Ende des Chors. Es handelt sich um einen engen, hohen halbkreisförmigen Raum, dessen Boden fast zwei Meter unterhalb des Kryptaniveaus liegt. In der Mitte befindet sich ein schlanker halbrunder Pfeiler, der die Mitte der Westwand bildet; weitere Pfeiler sind im Halbkreis darum angeordnet. Bei der nicht ganz gleichmäßig geformten Westwand handelt es sich um einen von mehreren gallorömischen Mauerresten, die aus der Zeit um 20 vor unserer Zeitrechnung stammen müssten. Es ist nicht klar, ob diese Mauerreste zu einem früheren Kultbau gehörten oder Teile der Stadtmauer bildeten, die erst später in den Bau der Kirche – der »dritten Kirche« im 9. Jahrhundert – miteinbezogen wurden. Die Integration der Mauerreste in den Neubau spricht allerdings dafür, dass es sich um bedeutende Teile eines ehemaligen Kultbaus gehandelt hat. Unterhalb des zentralen mittleren Pfeilers der Lubinusgruft befindet sich etwa einen Meter unter dem Bodenniveau versteckt wahrscheinlich ein weiterer Raum, der verschiedentlich als »Schatzkammer« bezeichnet wurde, aber heute nicht mehr zugänglich ist.

■ Chartres gehört zu den frühesten beurkundeten Bischofssitzen
in Europa und ist seit der Mitte des 4. Jahrhunderts ausschließlich christlich geprägt. Über die erste christliche Kirche am Ort
ist nichts überliefert. Gesichert ist lediglich das Wirken einiger
herausragender Bischöfe seit dem 5. Jahrhundert wie Martin Candidus, der die Kirche *Saint-Martin-au-Val* gründete, und Lubinus,
von dem die Lubinusgruft in der Krypta zeugt.

Die zweite und die dritte Kirche

Die erste historisch belegte Nachricht von einer Kathedrale, der
»zweiten Kirche«, haben wir nur durch den Bericht von deren
Zerstörung im Jahre 743: Hunald, Herzog von Aquitanien, er-
oberte die Stadt Chartres und brannte die Kirche nieder, die kurz
darauf wiederum aufgebaut wurde und wahrscheinlich bis zum
Jahre 858 stand. Am 12. Juni 858 überfielen die Wikinger die Stadt
und plünderten sie. Sie bahnten sich mit dem Schwert den Weg
zur Kathedrale, wohin sich Bischof Frotbold, die Domherren und
die Einwohner vergeblich geflüchtet hatten. Die Wikinger sollen
alle Menschen getötet, die Stadt inklusive der Kirche eingeäschert
und die Toten anschließend – wieder einmal – in den Brunnen
geworfen haben. Wahrscheinlich befand sich der Brunnen zur damaligen Zeit noch außerhalb des Kirchenbaus, worauf sein mehrfach umgedeuteter und veränderter Name *Le-Puits-des-Saints Forts*
hindeutet: *Forts* (»stark, befestigt«) steht für *lieux forts* (befestigte
Orte«) und deutet auf einen befestigten Platz hin. Der Brunnen
liegt, wie auf der Farbtafel Seite 97 erkennbar, in unmittelbarer
Nachbarschaft zu einem gallorömischen Mauerrest.

Über die »dritte Kirche« im 9. Jahrhundert, die zwischen 858
und 1020 bestand, wissen wir nicht viel mehr als über die zweite.
Dieser karolingische Bau wurde von Bischof Giselbert errichtet.

Auf der Farbtafel Seite 97 ist sichtbar (rosafarben markiert), dass er Teile des heutigen Mittelschiffs der Kathedrale von der Chorapsis bis etwa zur Hälfte des heutigen Längsschiffs umfasste. Der Brunnen wurde spätestens in dieser Bauphase in das Kirchenschiff integriert. Wahrscheinlich handelte es sich um den ersten durchgehend steinernen Bau.

Die Errichtung der dritten Kirche steht möglicherweise in Verbindung mit der **Reliquie**, die der Kathedrale im Jahre 876 von Karl dem Kahlen, Enkel Karls des Großen, gestiftet wurde. Die Reliquie – der Schleier (Camisia oder Tunika), den die Jungfrau Maria entweder bei der Verkündigung oder bei Christi Geburt getragen haben soll – hatte zu diesem Zeitpunkt schon eine lange Reise und viele Zwischenstationen hinter sich, über die es wiederum Legenden gibt: Dem Tode nahe, hatte Maria den Schleier über den Evangelisten Johannes zwei Nachbarinnen übergeben lassen, von wo aus er in den Besitz zweier Edelleute gekommen sein soll. Sein Besitz ließ sich jedoch von diesen nicht verheimlichen, weil sich in der Nähe ihres Aufbewahrungsortes fortwährend wunderbare Heilungen ereigneten. Daher ließ Kaiser Leo des oströmischen Reiches im 5. Jahrhundert für die Reliquie eine Kirche in Konstantinopel, dem heutigen Istanbul, errichten. Kaiser Constantin V. soll die Reliquie schließlich zwischen 780 und 802 Karl dem Großen als Dank für seine Hilfe im Krieg gegen die Sarazenen geschenkt haben. Nachdem

Die Reliquie: der Schleier, den Maria bei der Verkündigung oder bei Jesu Geburt getragen haben soll

Karl der Große sie im Domschatz des Aachener Doms aufbewahrt hatte, schenkte sie schließlich sein Enkel Karl der Kahle der Kathedrale von Chartres.

Die Reliquie existiert noch heute und wird in einer der Chorumgangskapellen aufbewahrt. Eine naturwissenschaftliche Untersuchung aus dem Jahre 1927 führte zu dem Ergebnis, dass die 0,45 x 5,35 Meter große Stoffbahn tatsächlich aus der Zeit um Christi Geburt stammen muss.

Es ist anzunehmen, dass die Bedeutung der Kirche von Chartres durch die Reliquie wie auch durch den heiligen Brunnen enorm wuchs. Am Ort des Brunnens sollen sich viele Wunderheilungen ereignet haben, und die Reliquie zog nicht nur eine wachsende Schar von Pilgern nach Chartres, sondern soll die Stadt auch unter einen besonderen Schutz gestellt haben. So erfolgte im Jahre 911 ein Überfall normannischer »Heiden« auf die Stadt. Es handelt sich – nach dem Überfall der Wikinger im Jahre 858 – um eine weitere jener typischen kriegerischen Auseinandersetzungen, die anderenorts in Europa mehrfach dafür gesorgt hatten, dass bereits christianisierte Städte wieder zum Heidentum zurückkehrten.

Der Anführer der Normannen, Rollo, hatte zuvor bereits im Zentrum Frankreichs Krieg geführt und eine fränkische Truppe niedergeworfen. Als er schließlich Chartres belagerte und am 20. Juli 911 zum Angriff überging, hatte sich Bischof Gantelmus schon der Unterstützung burgundischer und fränkischer Truppen versichert. Das Entscheidende ereignete sich jedoch, als der Bischof die Reliquie wie eine Fahne über den Mauern der Stadt den Angreifern entgegenschwenkte. Die Normannen sollen daraufhin wie erstarrt gewesen sein. Durch die Reliquie ermutigt, gingen die Bürger von Chartres zum Gegenangriff über, und mit Hilfe der überraschend auftauchenden Truppen des Herzogs von Burgund konnte Rollo schließlich in die Flucht geschlagen werden. Nach seiner Niederlage trat Rollo mitsamt seinen Kriegern zum Christentum über und wurde unter dem Namen »Robert« in Frankreich Herzog der Normandie.

Es kam jedoch zu weiteren Überfällen der »heidnischen« Normannen aus dem Norden, die dazu führten, dass die Stadt am 5. August 962 erneut angezündet, aber nicht vollständig zerstört wurde. In der Folge wurde die Fassade der Kathedrale von einem Architekten namens Teudon repariert, der als Goldschmied auch den Behälter für die Reliquie angefertigt haben soll. Insgesamt soll die Kirche 13-mal in 350 Jahren niedergebrannt sein, denn Feuer – verursacht durch Missgeschicke im Umgang mit Kerzen und Fackeln oder durch kriegerische Auseinandersetzungen – waren im Mittelalter kaum zu löschen und führten häufig zu Totalverlusten von Gebäuden und ganzen Städten.

■ Die zweite Kirche existierte zwischen zwei kriegerischen Überfällen in den Jahren 743 und 858. Die dritte Kirche aus dem 9. Jahrhundert war wahrscheinlich die erste steinerne Konstruktion und umfasste Teile des heutigen Mittelschiffs. Zum Zeitpunkt ihrer Entstehung erhielt sie von Karl dem Kahlen ihre Reliquie, den Schleier, den Maria bei der Verkündigung oder bei der Geburt Jesu getragen haben soll. Die Reliquie wie auch die Heilkraft des Brunnens führten dazu, dass die Kathedrale von Chartres zu einer der bedeutendsten Stätten der Marienverehrung und zu einem Pilgerort wurde.

Die vierte Kirche, der romanische Bau von Bischof Fulbert

Wir sind an der Wende vom 10. zum 11. Jahrhundert angekommen. Das Christentum war in Europa inzwischen gefestigt und die Zeit der Kämpfe gegen die Heiden vorbei. Ein bedeutender neuer Bischof, der die Entwicklung der Kirche wie auch der Kathedralschule maßgeblich prägte, betritt die Bühne: Bischof Fulbert (ca. 960 bis 1028). Nachdem Fulbert unter Gerbert von Aurillac, der später Papst wurde und zum ersten Kreuzzug aufrief, an der Kathedralschule von Reims die freien Künste (siehe 5. Kapitel) sowie Theologie und Medizin studiert hatte, wurde er um 1000 Lehrer an der Schule von Chartres und im Oktober 1006 zum Nachfolger des verstorbenen Bischofs Rudolf ernannt. Zu Beginn der Amtszeit von Fulbert stand noch die »dritte Kirche«, die jedoch in der Nacht vom 7. zum 8. September 1020 einer erneuten Brandkatastrophe zum Opfer fiel. Am 8. September wurde das Geburtsfest der Jungfrau Maria gefeiert, einer der bedeutendsten Festtage für die Kathedrale. In den Quellen finden sich Hinweise auf eine »vollkommene Zerstörung« der Kathedrale an jenem Tag, obwohl es sich fragt, wie ein steinerner Bau niederbrennen kann.

Wahrscheinlicher ist, dass der Verlust gewisser Teile der Kirche dazu genutzt wurde, die Kathedrale von Grund auf neu zu konzipieren, wobei Elemente des Vorgängerbaus gezielt einbezogen und erweitert wurden. Es ist bekannt, dass Bischof Fulbert alles daran setzte, die Kirche so schnell wie möglich neu zu errichten – und zwar größer und schöner als jemals zuvor –, und das unter schwierigsten finanziellen Bedingungen. Fulbert wandte sich in Briefen hilfesuchend an zahlreiche Herrscher in Europa, und aufgrund seines hohen Ansehens floss ihm die notwendige finanzielle Unterstützung für den Wiederaufbau zu. Selbst König Robert von Frankreich und Knut der Große von Dänemark und England steuerten Gelder bei.

Bischof Fulbert (rechts) predigt der Menge, hinter ihm junge Priester, vor ihm Männer und Frauen, sowie (nicht sichtbar) Kinder, jeweils getrennt voneinander (Ausschnitt aus einer Buchillustration des 11. Jhrts. von André de Mici)

Blick in Teil der Krypta (Nordseite)

Mit Hilfe des Architekten Berengar von Tours schuf Fulbert einen romanischen Bau, der schon beinahe die Ausmaße der späteren gotischen Kathedrale erreichte. Die Illustration der Kryptaebene (Farbtafel S. 97) zeigt, wie die neue »vierte« Kirche (schwarz markiert) auf der dritten fußt: Das ehemalige Hauptschiff der Vorgängerkirche, in der Mitte eingezeichnet, wurde zugeschüttet, und die Seitenschiffe erheblich erweitert, unter anderem durch einen Chorumgang, der um die Lubinusgruft gelegt wurde, und durch drei Chorkapellen im Osten. Nach Westen hin, in Richtung des heutigen Hauptportals, wurde das Kirchenschiff erheblich verlängert. Die Reste der Vorgängerkirchen wurden nun zu einer Krypta, zur Unterkirche, auf die man ebenerdig eine komplett neue Oberkirche, den romanischen Bau, setzte.

Durch die Umbauten wurde die Krypta zu einer der größten und weiträumigsten in Europa, und sie ist es bis heute geblieben; an Flächeninhalt wird sie nur von der Krypta des Petersdoms in Rom und der Kathedrale von Canterbury übertroffen. Der Grund dafür, dass Fulbert die **Krypta** so groß dimensionierte, liegt wahrscheinlich darin, dass er genügend Raum für die immer zahlreicher wer-

Clemenskapelle – von links nach rechts: hl. Ägidius, Karl der Große,
hl. Martin, hl. Petrus, hl. Jakobus, hl. Nikolaus, Papst Clemens I; darüber
die Dächer von Chartres mit dem Hinweis auf kriegerische Auseinandersetzungen

denden Pilger wie auch für die heilsuchenden Kranken schaffen
wollte, die sich häufig längere Zeit in der Krypta aufhielten. Die
Trennung von Unter- und Oberkirche ermöglichte es, die Kranken
von den übrigen Kirchenbesuchern im ebenerdigen Bereich zu
trennen und die Menschenströme geschickt zu lenken.

Die große Krypta Fulberts ist bis heute vollständig erhalten; sie
wurde in den nachfolgenden Jahrhunderten nur geringfügig bau-
lich verändert und diente auch der späteren gotischen Kathedrale
als Unterbau. Noch heute ist die Krypta Besuchern allgemein zugänglich über zwei seitliche Eingänge in der Nähe des Nord- und
des Südportals. Ihre schweren tonnenartigen Gewölbe geben einen Eindruck der romanischen Baukunst. In der Krypta finden
sich einige romanische Wandmalereien des 12. Jahrhunderts,

wenn auch zum Teil rußgeschwärzt und nicht immer gut zu erkennen. Im nördlichen Umgang ist ein erst im 20. Jahrhundert freigelegtes Wandbild der thronenden Madonna zu sehen. Und in der Clemenskapelle zeigt ein großes Bild einige der meistverehrten Heiligen und Bischöfe (siehe Abb. S. 33).

Bereits 1024 war die Krypta einem Brief Fulberts zufolge fertiggestellt, und der Architekt begann damit, die romanische Oberkirche daraufzusetzen. Sie ist nicht erhalten, aber es gibt einige Darstellungen, die einen Eindruck des Gebäudes vermitteln. Es handelte sich um einen typischen romanischen Bau mit zwei Türmen an der Ostseite, der heutigen Chorapsis, sowie einem zentralen Turm an der Westseite am Ort des heutigen West- bzw. Hauptportals. Es ist nicht erwiesen, ob der zentrale Westturm frei stand oder mit dem Kirchenschiff unmittelbar verbunden war, weil sich die genaue Länge des Kirchenschiffs in westlicher Richtung bisher nicht hat feststellen lassen. Die romanische Kirche war bereits eine typische dreischiffige Basilika mit einem Hauptschiff und zwei niedrigeren Seitenschiffen auf der rechten und linken Seite. Ein Querschiff jedoch, wie es die gotische »fünfte« Kirche später bekam, hatte sie wahrscheinlich noch nicht.

Der Architekt der romanischen Kathedrale, Berengar von Tours, leistete Beachtliches, indem er einen der größten Kirchenbauten seiner Zeit errichtete. Berengar war Schüler Fulberts in der Schule von Chartres gewesen und wurde später selbst Leiter der Domschule in Tours. In der Kirchengeschichte wird Berengar als Ketzer angesehen, weil er die sogenannte Transsubstantiation leugnete. Das heißt, er war der Ansicht, dass sich Brot und Wein während des Abendmahls nicht »tatsächlich« in Leib und Blut Christi verwandeln, sondern nur symbolhaft. Berengar folgte damit bereits dem mehr von Aristoteles geprägten Denken des sogenannten Nominalismus, das dem heutigen wissenschaftlichen Denken näher stand als dem damals noch stärker ausgeprägten bildhaften Denken des Realismus (siehe dazu S. 161). Kurioserweise stand er damit nicht nur im Gegensatz zum Denken der

Links: Zeitgenössische Darstellung des Fulbert-Baus von André de Mici (11. Jhrt.); rechts: Modernes Gipsmodell des Fulbert-Baus in der Krypta

Chartreser Schule, das mehr auf Platon als auf Aristoteles fußte, sondern auch im Gegensatz zum Denken Fulberts. Berengar wurde mehrfach von verschiedenen kirchlichen Synoden zum Widerruf seiner Lehre gezwungen, blieb aber seiner Sichtweise treu. – Die romanische Kirche wurde von Berengar 1028, kurz nach dem Tode Fulberts, unter dessen Nachfolger vollendet und 1037 geweiht.

Unter Fulbert wurde die Kathedrale zu einer der bedeutendsten Pilgerstätten des Mittelalters und blieb es bis zum 16. Jahrhundert. Dazu beigetragen hat neben der Bedeutung der Kirche selbst auch, dass Chartres auf dem Jakobsweg liegt, also auf einer der Routen, die zum Grab des heiligen Jakobus in Santiago de Compostela führen. Dementsprechend wird Jakobus in mehreren Glasfenstern der Kathedrale dargestellt.

Im Jahre 1134 wurde Chartres erneut von einem Brand heimgesucht, der Teile der Stadt und den Turm der Fulbert-Basilika in Mitleidenschaft zog. Dies führte zu einer völligen Neugestaltung der gesamten Westfassade. Es ist historisch nicht ganz geklärt, ob die Kathedrale zum Zeitpunkt des Brandes auf der Westseite noch einen zentralen Turm besaß oder ob bereits von den späteren zwei

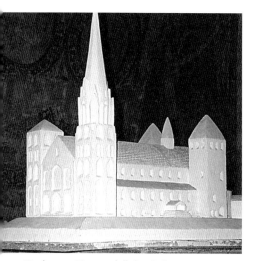

Modernes Gipsmodell des Fulbert-Baus mit Doppelturmfassade (um 1150)

Türmen der eine, nämlich der Nordturm, im Entstehen begriffen war. Noch heute lässt sich an der Westfassade bei genauem Hinsehen deren romanischer Ursprung erkennen, zum Beispiel an den drei Fenstern unterhalb der Westrose: Sie sind – im Gegensatz zu den später angebrachten Archivolten darunter – nicht spitzbogig, wie es bei gotischen Kirchen üblich sind, sondern rundbogig (siehe Abb. S. 85).

Gesichert ist, dass die Westfassade ab 1144 – nach dem Vorbild der inzwischen fertiggestellten Kirche in Saint-Denis bei Paris – konsequent zu einer Doppelturmfassade umgebaut wurde. Zu diesem Zeitpunkt begann man mit der Errichtung des Südturms, der mitsamt Helm etwa 1160 vollendet war. Der Nordturm war um 1150 vollendet und hatte zunächst ein Bleidach. Die Fensterrose wurde erst später, zur Zeit des Baus der »fünften«, gotischen Kirche im 13. Jahrhundert, eingesetzt.

Zur Zeit der Errichtung der Doppeltürme hatte nicht nur die Schule von Chartres ihren Höhepunkt erreicht, sondern auch die Begeisterung der Bevölkerung für den Kirchenbau. Wir befinden uns am Ausgang der romanischen und zugleich am Anfang der gotischen Epoche, die mit der von Abt Suger errichteten Kirche in Saint-Denis 1140 begann. Wundersame Ereignisse überliefern uns die Chronisten jener Zeit. Der Abt des Klosters von Mont-Saint-Michel, Robert de Torigni, schreibt 1144:

»In diesem Jahre sah man zum ersten Mal zu Chartres die Gläubigen sich vor Karren spannen, die mit Steinen, Holz, Getreide und wessen man sonst bei den Arbeiten an der Kathedrale bedurfte beladen waren. Wie durch Zaubermacht wuchsen ihre Türme in die Höhe. So geschah es nicht nur hier, sondern fast allenthalben in Francien und der Normandie und andernorts. Überall demütigten sich die Menschen, überall taten sie Buße, überall vergaben sie ihren Feinden. Männer und Frauen sah man schwere Lasten mitten durch Sümpfe schleppen und unter Gesängen die Wunder Gottes preisen, die er vor ihren Augen verrichtete« (zit. nach Dehio / Bezold, Bd. 2, S. 22).

Der Abt Haimond von Saint-Pièrre-sur-Dives berichtet in einem Brief an die englischen Mönche von Tutbury:

»Wer hat jemals etwas Ähnliches gesehen und gehört, dass mächtige Herren und Fürsten der Welt, aufgebläht von Reichtum und Ehren, dass selbst Frauen von edler Geburt ihre stolzen Häupter gebeugt und gleich Zugtieren sich an Karren gespannt haben, um Wein, Getreide, Öl, Kalk, Steine, Holz den Werkleuten einer Kirche zuzuführen? Und ob viel mehr als tausend Köpfe zusammen sind, herrscht doch tiefes Schweigen, man hört kein Wort, nicht einmal ein Flüstern. ... Gott der Herr scheint sie selbst anzuführen. Die Flut des Meeres ist zurückgetreten, um ihnen Platz zu machen ... Wenn der Zug hält, hört man nur Beichten, Gebete und Gesänge der Büßer; auf das Wort der Priester besänftigen sich alle Hassempfindungen, und eine schöne Harmonie ersteht in den Herzen. Wenn ein hartnäckiger Sünder sich weigert, seinen Feinden zu vergeben, verjagt man ihn mit Schimpf und Schande und weist die Opfergabe zurück, die er auf seinen Wagen geladen hat. Sind die Pilger an der Kirche angelangt, bei deren Bau sie helfen wollen, so machen sie eine Wagenburg und wachen die ganze Nacht und singen Psalmen. Auf jedem Karren zündet man Kerzen und Lampen an, zu den mitgebrachten Kranken werden Reliquien getragen und alles Volk hält Bittgänge um ihre Heilung« (zit. nach Dehio / Bezold Bd. 2, S. 23 sowie Richter S. 37).

Ähnliche Begebenheiten, wie sie sich beim Bau der Chartreser Westfassade ereigneten, wiederholten sich in anderen Städten, so in Rouen. Der dortige Erzbischof Hugo schrieb 1145 an Thierry von Amiens, dass die Einwohner der Normandie, die Normannen, davon gehört hätten, was sich in Chartres ereignet hatte. Daraufhin seien sie selbst nach Chartres gekommen, um der Muttergottes zu opfern und nach ihrer Rückkehr selbst zu vollbringen, was sie beobachtet hätten. Alsbald hätten sie sich zu Bruderschaften zusammengeschlossen, in die nur solche Bürger aufgenommen wurden, die ihre Sünden bekannt und ihren Feinden verziehen hätten. Unter der Anleitung von Anführern hätten sie sich anschließend vor Karren und Wagen gespannt, um beim Bau ihrer Kathedrale mitzuhelfen.

Ein bisher unbekannter Impuls hatte die Menschen aller Schichten – Bauern, Handwerker und Adlige – im ganzen Land ergriffen, ein Impuls, der viele Jahrzehnte anhalten sollte und zum zentralen Beweggrund des gotischen Kathedralbaus wurde. In ganz Frankreich begann man, Kirchen zu errichten, und überall griff das Volk tatkräftig und voller Selbstaufopferung mit seinen »Laiendiensten« den Baumeistern und Handwerkern unter die Arme. Allein im Kernland des französischen Königs in einem Umkreis von 200 Kilometern um Paris wurden zwischen 1150 und 1250 an die 150 Kirchen gleichzeitig erbaut, davon etliche große Kathedralen – wie in Paris, Reims, Amiens, Sens und Rouen –, die sich gegenseitig an Größe, Schönheit und Majestät übertrafen. Die Schöpferkraft jenes Jahrhunderts grenzte ans Wunderbare. Historisch lässt sich kaum nachvollziehen, wie die zwangsläufig aufkommenden Personal-, Know-how- und Finanzengpässe des gleichzeitigen gotischen Kirchenbaus im ganzen Land gelöst werden konnten.

Mit dem Bau so vieler und so großartiger Kirchen brachten die Menschen den Mut auf, Werke zu beginnen, die sie selbst an Größe und Lebensalter weit überragten. Die Epoche der Gotik war gekennzeichnet von einer einzigartigen Begeisterung, wobei das

Bauen selbst als Gottesdienst galt. Man war von einem Geist beseelt, der demjenigen der alten Tempelbaumeister verwandt war. Nie wieder zuvor und nie wieder danach in der Geschichte erreichte die sakrale Bautätigkeit in Europa solche Ausmaße und einen solchen Höhepunkt; sie bescherte uns ein reichhaltiges Erbe, von dem wir noch heute zehren.

Während oder kurz nach der Fertigstellung der neuen Westfassade in Chartres waren bereits die gotischen Kirchen von Sens, Senlis, Noyon und Laôn entstanden; weitere Kathedralen wie *Notre-Dame de Paris* waren im Entstehen begriffen. Doch der neue gotische Baustil hatte die Kathedrale von Chartres – den inzwischen mehr als hundert Jahre alten romanischen Fulbert-Bau – bisher nicht erreicht ...

■ Die vierte Kirche von Chartres entstand zwischen 1020 und 1028 unter Bischof Fulbert mit Hilfe des Architekten Berengar von Tours. Die bisherigen Vorgängerkirchen wurden zu einer riesigen Krypta erweitert, auf die man als Oberkirche einen romanischen Bau setzte, dessen Größe alles Bisherige übertraf. Nach einem Brand wurde ab 1134 die Westseite zu einer Doppelturmfassade umgebaut, die weitgehend der heutigen Fassade entspricht und noch bis ins 13. Jahrhundert ausgestaltet wurde. In der Bevölkerung setzte, ausgehend von Chartres, ab 1144 eine religiös motivierte, nie gekannte Begeisterung für den Kirchenbau ein, an dem sich Menschen aller Schichten in ganz Frankreich beteiligten.

Die fünfte Kirche, die gotische Kathedrale von heute

In der Nacht vom 10. auf den 11. Juni 1194 wurde Chartres erneut von einer großen Feuersbrunst heimgesucht, der die gesamte Stadt, der Bischofspalast und die Fulbert-Kathedrale zum Opfer fiel. In einem zeitgenössischen Mirakelbuch aus dem

12. Jahrhundert heißt es, die Wände des alten Kirchenbaus hätten zerschlagen und zerbröckelt am Boden gelegen, so dass es nötig gewesen sei, eine neue Kirche von den Fundamenten aus zu errichten. Es ist anzunehmen, dass diese Beschreibung übertrieben ist, denn wir erinnern uns: Steine können nicht brennen. Und der Fulbert-Bau war wirklich grundsolide errichtet worden, wie wir noch heute an den teilweise meterdicken Kryptamauern erkennen können, die seit über 900 Jahren standgehalten und selbst Bombenangriffe des 20. Jahrhunderts überstanden haben. Dem Feuer zum Opfer fallen konnte im Grunde nur der hölzerne Dachstuhl und der brennbare Teil des Kircheninneren; außerdem schmolzen das Blei des Daches und die Bleiruten der Glasfenster, wodurch sie einstürzten und das Glas zersprang. Merkwürdig ist außer der übertriebenen Schilderung des Mirakelbuches auch, dass der Brand zwar die rund 20 Jahre zuvor fertig gestellte neue Westfassade, die übrige Stadt hingegen nicht verschont hatte.

Es fragt sich allen Ernstes, ob beim Feuer nicht ein wenig »nachgeholfen« wurde, um auch in Chartres einen gotischen Neubau rechtfertigen zu können, wie er anderenorts bereits vollendet worden war. In anderen fanzösischen Städten häufte sich übrigens ebenfalls mit Beginn der gotischen Epoche seltsam die Anzahl der Kirchenbrände. Es scheint, dass dabei der Ehrgeiz kirchlicher Bauherren, selbst eine mindestens ebenso schöne und große Kirche wie andere Städte oder Bischöfe zu besitzen, eine gewisse Rolle spielte.

Im *Buch der Wunder der Notre-Dame* aus dem 12. Jahrhundert berichtet Jean le Marchant, dass die Einwohner von Chartres nach der Feuersbrunst sehr verzweifelt gewesen seien. Ungezählte Pilgerscharen standen zusammen mit den Bürgern der Stadt zitternd und betend vor dem Brausen und Prasseln des ungeheuren Brandes. Nicht wenige von ihnen hatten ihre gesamte Habe und ihre Wohnung verloren, denn die Holzhäuser der Einwohner hatten wie Zunder gebrannt. Von Entsetzen geschüttelt, so heißt es im *Buch der Wunder*, hätten die Menschen Dämonen durch das Feuer fahren sehen und ihr triumphierendes Fauchen im Heulen und Knistern der Flammen und im Krachen zusammenstürzender Balken und Mauern gehört. Noch tagelang sei in glühenden Bächen geschmolzenes Blei vom Dach hinuntergelaufen. Es war für die Menschen eine erschütternde Katastrophe, und in Anbetracht ihres Ausmaßes dachte man wohl daran, die Stadt zur Gänze aufzugeben und woanders neu zu beginnen, zumal viele ihre Existenz verloren hatten und ihren Beruf in einer völlig zerstörten Stadt auch nicht mehr ausüben konnten.

Eine Wende brachte der Besuch eines durchreisenden Geistlichen, des Kardinallegats Melior von Pisa, drei Tage nach dem Feuer. Auf den noch rauchenden Trümmern stehend, forderte er die Menschen, zusammen mit dem anwesenden Bischof Regnault de Mouçon, zum Neubau auf. Zuerst konnte er die Bevölkerung nicht überzeugen. Doch dann geschah etwas Unerwartetes: Eine kleine Prozession von Männern näherte sich, den Reliquienschrein tragend, der Menschengruppe. Das Heilige Gewand der Jungfrau, von dem man geglaubt hatte, es sei ebenfalls in Flammen aufgegangen, hatte den Brand unbeschadet überstanden! Die Männer hatten sich mitsamt der Reliquie in der Krypta eingeschlossen, bis das Feuer weitgehend erloschen war. Vermutlich hatten sie sich in der Lubinusgruft aufgehalten, und zwar in dem als »Schatzkammer« bezeichneten unterirdischen Raum, der heute unauffindbar ist. In der eben noch verzweifelten Menge erhob sich jetzt ein Sturm der Begeisterung. Dass die Reliquie, der *Genius loci,* gerettet worden war, wurde als Wunder und als Zeichen der Heiligen Jungfrau aufgefasst, die Kathedrale wieder neu aufzubauen. Es schien, als ob Maria selbst der Zerstörung ihrer Kirche zugestimmt hatte, damit ihr zu Ehren eine größere und schönere Kathedrale entstehen konnte! Noch einmal wurden die Menschen von der gleichen Begeisterung, dem gleichen Glaubenseifer und dem gleichen Willen zur Selbstaufopferung ergriffen, welche bereits 50 Jahre zuvor den Bau der Doppeltürme an der Westfassade beflügelt hatten.

Das Auftauchen der Reliquie genau zur rechten Zeit und am rechten Ort – gerade als der Kardinallegat seine »flammende« Rede hielt – wirkt wie inszeniert und scheint mir ein weiteres Indiz dafür zu sein, dass der Brand recht genau kalkuliert war: Es ging an der Kirche genau das in Flammen auf, was brennen sollte, nämlich die romanische Oberkirche. Was hingegen nicht brennen durfte, weil es für einen Neubau benötigt wurde, entging dem Feuer, obwohl ansonsten die ganze Stadt in Schutt und Asche gelegen haben soll. So blieb die Krypta, die als Unterkirche und Fundament der Oberkirche erhalten bleiben musste, unversehrt, ebenso die kostbare Reliquie, die bisher schon mehrfach die für Neubauten notwendige Spendenfreude angefacht hatte, die noch neue Westfassade mit den drei rundbogigen Fenstern und das berühmte Glasfenster Notre-Dame-de-la-Belle-Verrière (siehe Foto S. 101).

Nachdem die Bevölkerung von der Notwendigkeit eines Neubaus überzeugt war, ging es nun mit Riesenschritten voran. Man plante eine gotische Kathedrale, die an Größe noch einmal alle Vorgängerbauten übertreffen sollte, und begann im selben Jahr mit den Bauarbeiten. Das Längsschiff der gotischen Kathedrale wurde auf dem Hauptschiff des Fulbert-Baus errichtet, war aber wahrscheinlich länger. Die Westfassade wurde gezielt in den gotischen Bau miteinbezogen und schloss spätestens jetzt direkt an das Hauptschiff der Kirche an. Neu war die Einfügung eines Querschiffs (siehe Farbtafel S. 97, gelb markiert) auf der Nord- und der Südseite mit entsprechenden Portalen. Aus der Kathedrale wurde nun eine kreuzförmige Basilika, die alle typischen Merkmale eines gotischen Baus besaß und eine der größten Kirchenbauten der damaligen Zeit war.

Die gotische Kathedrale wurde zügig und ohne Bauunterbrechungen von 1194 bis 1220 errichtet – in Anbetracht ihrer enormen Maße und der bescheidenen technischen Mittel der damaligen Zeit eine sehr kurze Periode. Wie und in welcher Reihenfolge der gotische Bau entstand, darüber weiß man bis heute wenig. Da kei-

Maße und Dimensionen der Kathedrale	Meter (ca.)
Gesamtlänge (ohne St. Piat-Kapelle)	130,00
Breite der Westfassade	48,00
Breite des Mittelschiffs	16,40
Länge des Querschiffs	64,50
Höhe der Gewölbe	37,00
Gesamthöhe bis zum Dachfirst	51,00
Höhe des Nordturms (Clocher neuf)	115,00
Höhe des Südturms (Clocher vieux)	105,00
Durchmesser der Westrose (lichte Weite)	12,00
Durchmesser der Südrose (lichte Weite)	10,56
Durchmesser der Nordrose (lichte Weite)	10,56

nerlei Baupläne oder -skizzen überliefert sind, ist die Rekonstruktion des Bauablaufs schwierig. Üblich war es, beim Kirchenbau mit dem Chor zu beginnen, um durch dessen Abschluss möglichst frühzeitig einen fertigen und nutzbaren Baukomplex zu haben, doch in Chartres war dies nicht der Fall. Eine dendrochronologische Untersuchung der Überreste hölzerner Gerüste, die in den Seitenschiffgewölben und Arkaden stecken, führte zu dem Ergebnis, dass die Hölzer des Langhauses früher gefällt wurden als diejenigen des Chors. Nach den Fälldaten der Bäume müssen die Seitenschiffe des Langhauses (= Hauptschiff von der Westfassade bis zum Chorbeginn, siehe Abb. S. 62) um 1200 vollendet gewesen sein, die des Chors hingegen um 1210 bis 1215. Demnach wurde die Kathedrale von West nach Ost hochgezogen, und zwar gleichmäßig und schichtweise. Archäologische Untersuchungen wie auch genaue Vermessungen im Grund- und Aufriss erfolgten jedoch bis heute nur stichpunktartig, so dass weiterhin Raum für viele Vermutungen bleibt.

Bemerkenswert ist, dass die Namen des oder der Architekten, die für die Errichtung des gotischen Baus verantwortlich sind, unbekannt geblieben sind. Wahrscheinlich hat es mehrere Baumeister gegeben, denn es war seinerzeit üblich, dass Handwerker und Architekten für mehrere Jahre an einer Kirche arbeiteten, um dann zu einer anderen Baustelle weiterzuziehen. Die sehr detaillierte Untersuchung von John James führte – anhand von Geometrie, Maßeinheiten, Bauschablonen usw. – zu dem Ergebnis, dass es neun Baumeister waren, die mit ihren Mannschaften jeweils zu verschiedenen Zeiten an der Kathedrale arbeiteten. Ausgerechnet diese Baumeister, die eine der bedeutendsten gotischen Kirchen des Abendlandes errichteten, sind uns nicht überliefert; die Chartreser Baumeister früherer und späterer Zeit hingegen sind namentlich bekannt (siehe Übersicht S. 54).

Für Chartres wie auch für andere gotische Kirchenbauten war es wichtig, einen Steinbruch in unmittelbarer Nähe zu haben, um mit möglichst wenig Zeit- und Kostenaufwand das nötige Baumaterial herbeischaffen zu können. Chartres hatte das Glück, dass der Steinbruch von Berchères-les-Pièrres nur 12 Kilometer südöstlich entfernt liegt und zudem dem Bischof gehörte. Der dort geförderte Kalkstein musste zu relativ großen Blöcken verarbeitet werden, weil er Löcher aufwies und an den Rändern aufsplitterte. Nicht zuletzt deswegen wirkt die Kathedrale von außen wuchtig, schnörkellos und kolossal, was ihr andererseits jedoch auch eine Klarheit und Schlichtheit in der Linienführung verleiht, an der es besonders spätgotischen Bauten oft mangelt. Für die zahlreichen Portalskulpturen wurde ein weicherer, feinkörniger und weniger spröder Kalkstein aus anderen Steinbrüchen verwendet.

Bis heute gibt es keine vollständige Antwort auf die Frage, wie der von 1194 bis 1220 so zügig durchgeführte Kathedralbau überhaupt finanziert wurde. Kam es anderorts vor, dass ein begonnener Kirchenbau stockte oder für mehrere Jahre oder Jahrzehnte aufgrund von Geldnöten unterbrochen wurde, so war dies in Chartres eindeutig nicht der Fall. Nach dem bereits erwähnten *Buch der Wunder* konnte man über außerordentliche finanzielle Mittel verfügen. Chartres war immerhin eine der reichsten Diözesen Frankreichs, und das Kathedralkapitel wie auch der Bischof sollen drei Jahre lang den größten Teil ihrer Einkünfte dem Bau zur Verfügung gestellt haben. Da kurz zuvor eine Verwaltungsrefom des Kapitelbesitzes stattgefunden hatte, erhöhten sich die landwirtschaftlichen Einkünfte der Chorherren und damit die Mittel für den Bau beträchtlich.

Eine andere Erklärung ist die, dass Chartres – wie übrigens die meisten Städte mit gotischen Kirchen in Nordfrankreich – Münzprägestätte und damit auch Marktstadt war. Chartres hatte bereits seit etwa 760, also schon zur Zeit der zweiten Kirche, bischöfliche Münzhoheit und profitierte damit vom örtlichen Handel. Steuern und andere Abgaben wie auch häufige Münzentwertungen ab dem 11. Jahrhundert trugen zu einer ökonomischen Blüte bei, aus der sich eine kulturelle Blüte entwickeln konnte. – Eine weitere Erklärung liefern die Templer, die Geldanleihen zu ihrer geschäftlichen Betätigung machten und eine Art von Kreditbriefen, die Vorläufer der heutigen Banknoten, erfanden. Möglicherweise waren sie nicht nur an der Finanzierung der gotischen Kathedralen, sondern mit dem ihnen nachgesagten geheimen Wissen auch an ihrem Bau beteiligt. Weiterhin kamen finanzielle Mittel durch die Spenden der Pilger, darunter selbst Könige und Adlige, wie auch durch Reliquienfahrten – bei denen man den Schleier der Jungfrau auf Reisen nach Frankreich und ins Ausland schickte, um Gelder zu sammeln – zusammen. Doch damit ist noch immer nicht hinreichend geklärt, wie man es in Chartres schaffte, den notwendigen Geldfluss für den Bau 30 Jahre lang kontinuierlich aufrechtzuerhalten. Eine letztgültige Antwort auf diese Frage können wir hier nicht geben.

Als man etwa im Januar 1221 die Bauarbeiten an der Kathedrale im Wesentlichen abschloss, waren Strebewerk und Gewölbe wahrscheinlich noch nicht eingebracht. Dies geschah wohl bis in die Zeit um 1230. Auch die Querhausfassaden wurden erst um 1230 vollendet, der Lettner zwischen 1230 und 1240. Geweiht wurde die Kathedrale jedoch viel später, erst am 17. Oktober 1260 in Anwesenheit des französischen Königs Ludwig des Heiligen. Für den langen Zeitabstand zwischen der Vollendung des Baus und seiner Weihe hat man bisher keinen Grund gefunden. Eine interessante Überlegung stammt von Roland Halfen: Zwischen dem Brand der Kathedrale 1194 und der Weihe des Neubaus liegen genau zwei mal 33 Jahre – eine symbolische Zahl, denn 33 Jahre beträgt die Lebenszeit von Jesus. Übrigens hat auch das Labyrinth (siehe S.123ff.) genau 33 Wendungen.

Es wird ebenfalls vermutet, dass man die Weihe hinauszögerte, weil man noch hoffte, die Kathedrale fertigstellen zu können. Immerhin ist sie in einigen Bereichen bis heute unvollendet geblieben. So wurde sie zum Beispiel – ganz ungewöhnlich für einen gotischen Bau – mit neun Türmen geplant, von denen nur zwei, nämlich die beiden der Westfassade, vollendet wurden. Aber wollte man wirklich eine »vollendete« Kathedrale? Hat das Unvollendete in Chartres – wie auch in sakralen Bauten anderer Kulturen – nicht vielmehr einen symbolischen Gehalt? Steht nicht die gebaute Kathedrale für die geistige Kathedrale, die aus den »lebendigen Steinen«, den Gläubigen, Besuchern und Pilgern aller Zeiten, errichtet wird? In der Bibel (Esra 5,16) heißt es, dass der Tempel Gottes »seit der Zeit bis jetzt gebaut wird und noch nicht vollendet« ist. Die Kathedrale galt auch als ein Bild des Neuen Jerusalem, das noch im Werden ist und dessen Baumeister die Menschen sind. Im Hinblick auf die Aufgabe der Kathedrale, den Menschen in ein höheres Bewusstsein, in das Christusbewusstsein, anzuheben, ist Chartres noch lange nicht vollendet.

■ Der Neubau der fünften Kirche, der gotischen Kathedrale, wurde ausgelöst durch einen erneuten Brand im Jahre 1194, der die Kirche stark und die Stadt vollständig in Mitleidenschaft gezogen haben soll. Der gotische Bau übertraf an Größe und Höhe alle Vorgängerbauten. Das Westportal wurde jetzt in die Gesamtkonzeption mit einbezogen, und es wurde zusätzlich zum Längsschiff ein Querschiff errichtet. Der oder die Architekten der gotischen Kathedrale sind namentlich nicht überliefert, und Baupläne oder -skizzen wurden niemals gefunden. Die Kirche wurde zügig, ohne Unterbrechungen und anscheinend ohne finanzielle Engpässe, im Wesentlichen von 1194 bis 1220 fertiggestellt und 1260 geweiht.

Bauliche Aktivitäten in der Neuzeit

Eine »fertige« Kathedrale wäre im symbolischen Sinne eigentlich etwas Erstorbenes. Und so wurde auch nach 1260 in Chartres weitergebaut. Allerdings ging der ursprüngliche Impuls der Gotik – diese Begeisterung unter den Menschen, für die das Bauen ein beinahe heiliger Akt war – mit der Zeit immer mehr verloren. Mit Beginn des Hundertjährigen Krieges zwischen Frankreich und England (1339–1453) war die Epoche der Gotik, die kulturelle wie auch die wirtschaftliche Blüte, zu Ende. Entsprechend dem schwächer werdenden Impuls haben die ab dem späten 13. Jahrhundert durchgeführten An- und Umbauten sowie baulichen Veränderungen nur noch »marginalen« Charakter und verändern an dem großartigen gotischen Werk nichts Wesentliches mehr.

Kurz nach der Weihe des Jahres 1260 wurde 1298 die **Sakristei** errichtet. Sie steht nicht parallel zur Kathedrale, sondern weicht von deren Achsenkreuz erheblich nach Nordosten ab, ist dafür aber rechtwinklig in Bezug auf die im 18. Jahrhundert abgerissene Kirche St. Sergius und Bacchus aus merowingischer Zeit angelegt. Sie muss daher auf Mauerresten errichtet sein, die wesentlich älter als der Fulbert-Bau sind. Einen weiteren Anbau ließ das Domkapitel – noch immer damit beschäftigt, die Kathedrale weiter zu verschönern – 1325 in der Verlängerung des Chores in Form eines Kapitelsaals bauen, über dem bis 1358 die kleine **Kapelle St. Piat** errichtet worden war. Die Kapelle ist durch eine überdachte Treppe im Inneren mit der Kathedrale verbunden. St. Piatus hatte als Missionar in der Gegend um Chartres und Tours gewirkt und 286 den Märtyrertod erlitten; er ist ebenfalls am Südportal, am sogenannten Märtyrerportal, als Gewändefigur dargestellt (siehe Foto S. 118).

Ein weiterer Anbau ist die 1417 errichtete spätgotische **Vendôme-Kapelle**, die genau genommen nur aus einem gemauerten Rahmen für ein riesiges Maßwerkfenster besteht. Im Jahre 1413 hatte Louis de Bourbon, Graf von Vendôme, gelobt, der Jungfrau eine Kapelle zu bauen, wenn sein Bruder, der ihn gefangen hielt, ihn freiließe. Der Graf, der später an der Seite von Jeanne d'Arc kämpfte und ein Nachkomme des Königs Ludwig des Heiligen war, erfüllte sein Gelübde, nachdem er seinem Bruder verziehen hatte. Die Versöhnung der Brüder findet in den Darstellungen der Glasfenster der Kapelle ihren Ausdruck.

Schon im frühen 14. Jahrhundert setzte in Chartres wie in so vielen anderen Kirchen auch die Phase der Restaurierung ein: Es galt, Schäden am Bauwerk zu erkennen und rechtzeitig zu beseitigen – ein bei gotischen Kirchen praktisch endloses Unterfangen, das sich bis in die heutige Zeit hinzieht. Viele große Kathedralen beschäftigen bis heute hauptamtliche Dombaumeister, die sich ausschließlich mit Restaurierungen, Instandsetzungen und Reparaturen von Schäden befassen. Aus dem Jahre 1316 ist eine »Expertise« von Chartres überliefert. Pièrre de Chelles, Dombaumeister von Paris, Nicolas des Chaumes, königlicher Baumeister, und Jacques de Longjumeau, Zimmermannsmeister aus Paris, wurden gebeten, die Kathedrale zu inspizieren und berichteten Folgendes:

»*Meine Herren, wir können versichern, dass ... die Pfeiler, die die Gewölbe tragen, gut sind, dass der Schlussstein, der die Gewölbespitze trägt, gut und stark ist. ... Aber am Gewölbe der Vierung sind Reparaturen notwendig. Und wenn sie nicht in Kürze unternommen werden, könnte große Gefahr bestehen. Item: Wir haben uns die Strebepfeiler, die an das Gewölbe angrenzen, angeschaut. Sie müssen aufgerichtet werden, und wenn das nicht schnell geschieht, kann unmittelbar großer Schaden entstehen. Item: Zwei der Pfeiler, die die Türme stützen, bedürfen der Reparatur. Item: Reparaturen an den Pfeilern der Vorhalle sind nötig. ... Item: Wir haben Meister Berthaud eine Information hinterlassen, wie er die Statue der Magdalena erneuern kann, ohne sie entfernen zu müssen. Item: Wir haben am großen Turm [dem Südturm] gesehen, dass er wirklich essentieller Reparaturen bedarf. Denn eine seiner Seiten ist rissig und bildet Spalten, und eines der Türmchen ist gebrochen und neigt sich nach vorne. ... Item: Der Glockenturm mit den kleinen Heiligenfiguren ist ebenso wie der mit den großen Heiligenfiguren unzulänglich, denn er ist sehr alt und braucht dringende sofortige Reparaturen ...*«* (zit. nach Erlande-Brandenburg, S. 153 f.; übers. von S. Klug).

So geht diese »Mängelliste« noch seitenlang weiter, und sie lässt erahnen, wie viel Zeit, Mühe und Geld die dauernde Instandhaltung einer Kirche wie derjenigen von Chartres gekostet hat und noch heute kostet – die Kathedrale als Dauerbaustelle. Von den Restaurierungen sind auch die Glasmalereien betroffen: Im Mittelalter oft durch Kerzen- und Fackelruß, in der heutigen Zeit durch die Umweltverschmutzung geschwärzt, büßen sie ihre Transparenz bis zur vollkommenen Dunkelheit ein, wenn sie nicht immer wieder gereinigt und konserviert werden.

Trotz all dieser Reparaturen, die teilweise aufgrund finanzieller Engpässe nicht immer sofort ausgeführt werden konnten, fügte man der Kathedrale noch weitere bauliche Details hinzu. Als im Jahre 1506 der bleigedeckte hölzerne Helm des nördlichen Turms an der Hauptfassade vom Blitz getroffen und durch einen anschließenden Brand zerstört wurde, beauftragte man Jean Texier damit, eine steinerne Turmspitze zu errichten. Texier, auch Jehan de Beauce genannt, war einer der bedeutendsten Architekten des ausgehenden Mittelalters. 1513 vollendete er den neuen Turmhelm, der bereits im spätgotischen Flamboyant-Stil errichtet ist und sich damit von der Nüchternheit des übrigen Baus deutlich abhebt. Jean Texier errichtete außerdem ab 1514 eine steinerne Chorschranke (siehe Zeichnung S. 127), die aus vielen kleinteiligen, gekonnt gemeißelten Formen besteht (siehe dazu S. 131 ff).

1520 schuf Jean Texier einen kleinen steinernen **Uhrenpavillon**, der zuerst am Ende einer Häuserzeile stand, die sich vor dem Seitenschiff des Langhauses hinzog. Später wurde das Uhrenhäuschen an seinen heutigen Platz am Fuße des Nordturms verlegt (siehe Foto S. 132). Auch die Chorschranke besaß ursprünglich über einen Treppenturm einen Zugang zu einem kunstvollen Uhrwerk, das Stunden, Wochentage, Mondphasen und Sonnenlauf aufzeigte, aber leider während der Französischen Revolution weitgehend zerstört wurde.

Immer wieder finden wir an Kirchen, nicht nur in Chartres, Uhren oder astronomische Messgeräte, die heute anscheinend nur noch dekorative Funktionen erfüllen. Sie sind Hinweise darauf, dass die Messung der Zeit im Christentum noch lange dem Papst bzw. der katholischen Kirche oblag und als eine Art Geheimwissenschaft bei der Ausbildung christlicher Priester gelehrt wurde. (Übrigens war man im Mittelalter keineswegs der Ansicht, dass die Erde eine flache Scheibe sei, wie vielfach behauptet wird, sondern wusste von deren Kugelgestalt.) Außerdem sind die Kirchenuhren eine ferne Reminiszenz an jene längst vergangene Zeit vorchristlicher Kulturen, als Priester wie bei den Kelten zugleich Astronomen waren.

Im Jahre 1520 wurde der Hauptaltar, der zuvor etwa in der Mitte des Chores gestanden hatte, an das östliche Ende des Hochchores in die Apsis verlegt, wo er noch heute steht. Dies war keineswegs eine unbedeutende bauliche Veränderung, da sie auch

Ein Teil des nicht mehr erhaltenen Lettners zeigt die Heilige Familie im Stall zu Bethlehem

für einen Bewusstseinswandel sprach. Denn der Hauptaltar lag bis zu jenem Jahr fast exakt auf dem heiligen Zentrum der Kathedrale – also ebenerdig auf dergleichen Höhe, auf der in der Krypta der heilige Brunnen stand. Dass dieser dann kurz darauf ebenfalls zugeschüttet wurde, zeigt, dass man sich von einem der wichtigsten Kraftorte, der der Kathedrale seit den frühesten vorchristlichen Ursprüngen zentrale Bedeutung verlieh, dem *Genius loci,* innerlich mehr und mehr entfernte. Jemand hat einmal bemerkt, das Zuschütten des Brunnens sei wie das Zuschnüren des Halschakras gewesen.

1763 wurde der zwischen 1230 und 1240 errichtete **Lettner**, die Trennwand zwischen Chor und Mittelschiff, abgerissen (noch sichtbar im Hintergrund auf der Abb. S. 127), und zwar aufgrund eines Beschlusses des Konzils von Trient, gemäß dem die Gläubigen einen ungehinderten Ausblick auf den Hochalter haben sollten. Der Abriss des Lettners war die bedauernswerte Zerstörung eines wundervollen Werkes. Nur noch wenige Reliefs der herausragenden Steinmetzwerke sind erhalten, aber heute größtenteils Besuchern nicht mehr zugänglich. Sie stellten Szenen der Geburtsgeschichte dar, beginnend mit der Verkündigung bis zur Geburt und zur Anbetung der Weisen aus dem Morgenland. Das Foto auf Seite 51 zeigt eine bewegende Darstellung der Heiligen Familie, die wie eine lebensechte Momentaufnahme wirkt: Maria wendet sich zärtlich und liebevoll dem kleinen Jesus in der Krippe zu. Jesus ist als Wickelkind dargestellt, umgeben von Ochse und Esel. Maria hat ihre Hand am rechten Ohr – sie ist »ganz Ohr« und wendet sich lauschend höheren Sphären zu. Sehr ähnlich wird sie im rechten Seitenportal der Westfassade im Tympanon dargestellt (siehe Foto S. 94), wo Jesus ebenfalls als Wickelkind erscheint. Im Hintergrund ist Josef zu sehen – sein Kopf ist nicht erhalten; er ist gerade im Begriff, eine Decke oder ein Tuch über Maria oder Jesus zu legen.

Der **Hauptaltar** wurde 1767 durch einen neuen ersetzt, den der Bildhauer Charles-Antoine Bridan schuf und der bis heute das Kircheninnere »ziert«, aber stilistisch nicht zu den geradlinigen Strukturen des übrigen Baus passt und eher befremdend wirkt. Die spätbarocke Darstellung zeigt die leibliche Aufnahme Marias in den Himmel. Bridan gehörte wohl zu jener Gattung eitler Künstler, die für die Neuzeit bis heute typisch sind. Nicht nur, dass sein Werk sich nicht in den gotischen Bau einfügt, sondern er bestand zu allem Überfluss auch noch darauf, dass im Chor-Obergaden acht der mittelalterlichen Glasfenster entfernt wurden, damit sein Werk durch bessere Lichtverhältnisse optisch mehr zur Geltung käme. So wurden die bunten Originalfenster durch farbloses Glas, später durch Grisaille ersetzt. Leider sind dadurch mehrere der wertvollen Fenster unwiederbringlich zerstört worden und heute überwiegend nicht mehr rekonstruierbar. Den Ausschnitt eines dieser Fenster, eine Nachbildung, zeigt das Foto auf S. 103. Auch sonst ist über Bridan wenig Rühmliches zu berichten. Die Kosten für den kaum als gelungen zu bezeichnenden Umbau im Chor wurden damit bestritten, dass der Klerus »altes Silberzeug«, darunter eine Statue der Jungfrau vom vorherigen Hochaltar, zum bloßen Metallwert verhökerte; Bridan soll bei dem Geschäft als Vermittler tätig gewesen sein. Das Domkapitel hatte sich offenbar gehörig von dem Künstler blenden lassen und soll mit der Neugestaltung des Chors, die man wohl heute eher als Vandalismus bezeichnen würde, sehr zufrieden gewesen sein.

Engel auf dem Chorhaupt

So manche weitere Zerstörung erlitt die Kathedrale insbesondere während der Französischen Revolution 1793. Etliche der Gewändefiguren und Skulpturen an der Außenfassade wurden beispielsweise zertrümmert und sind nicht mehr rekonstruierbar. Wie durch ein Wunder entging die Kirche aber ihrer geplanten totalen Zerstörung.

Am 4. Juni 1836 geriet durch die Unachtsamkeit von Dachdeckern der Dachstuhl in Brand. Die Glocken schmolzen ebenso wie das Bleidach, aber das Bauwerk selbst erlitt keinen Schaden. Heute ersetzt ein Dachstuhl in Eisenkonstruktion mit einem Kupferdach den mittelalterlichen hölzernen Dachstuhl und das Bleidach. Auch der ursprüngliche Engel auf dem Chorhaupt (siehe Foto oben) wurde ersetzt durch eine Bronzefigur, die sich auf einem Kugellager dreht und die Windrichtung anzeigt.

Während der beiden Weltkriege wurden die Glasfenster ausgebaut und in Sicherheit gebracht. 1976 wurde die Krypta renoviert und die schwarze Madonna aus dem 19. Jahrhundert durch eine originalgetreue Nachbildung ersetzt. Zahlreiche und kontinuierliche Renovierungs- und Restaurierungsarbeiten kennzeichnen das 20. Jahrhundert, und sie werden sicher auch für das 21. Jahrhundert bestimmend bleiben.

Architekt	Werk
Teudon	Errichtete nach dem Brand von 962 die Hauptfassade (dritte Kirche) und fertigte als Goldschmied den Reliquienschrein an
Berengar von Tours	Erbauer der Fulbert-Basilika (vierte Kirche) von 1020 bis 1028
Vital	Architekt des 11. Jahrhunderts (vierte Kirche)
Simon Dragon	Errichtete 1298 die Sakristei, legte 1300 seine Funktion als Architekt nieder und wirkte erneut ab 1310 (fünfte Kirche)
Jean des Carrières	Architekt von 1300 bis 1310
Huguet d'Ivry	Errichtete 1325 den Kapitelsaal
Jean d'Ivry	Errichtete die Kapelle St.-Piat, die 1358 fertiggestellt wurde
Laurent Vuatier	Dombaumeister von 1400 bis 1416
Geoffroi Sevestre	Konstruierte 1417 die Kapelle Vendôme
Jean Martin	Dombaumeister vor 1506
Jean Texier (Jehan de Beauce)	Errichtete 1507 bis 1513 den Helm auf dem Nordturm, von 1514 bis 1529 die Chorschranke und 1520 den Uhrenpavillon

Liste der namentlich bekannten Architekten bis zur Neuzeit (nach R. Merlet)

■ Nach 1260 errichtete man weitere Anbauten – so die Sakristei 1298 und die Kapelle St. Piat 1358 –, nahm aber keine wesentlichen Veränderungen des gotischen Kirchenbaus mehr vor. Der Architekt Jean Texier erneuerte im frühen 16. Jahrhundert den Helm auf dem Nordturm, errichtete einen Uhrenpavillon und die Chorschranke. Ab dem späten 16. Jahrhundert zeugen viele durchgeführte Umbauten und Änderungen, wie die Verlegung des Altars und seine Ersetzung durch ein Barockwerk, von einem Bewusstseinswandel, der für ein Verblassen des ursprünglichen Chartreser Impulses spricht.

»Man kann keine heilige Baukunst schaffen ohne eine gewisse Kenntnis der kosmischen Gesetze, die auf die unwandelbaren Gesetze des Geistes Antwort geben.« (Burkhardt, S. 74)

»Nach der mittelalterlichen Meinung hat die Kunst genau die Aufgabe, im Glanz des Schönen der sichtbaren Dinge oder der hörbaren Harmonien der Musik die Wahrheit des göttlichen Seins aufleuchten zu lassen.« (Fichtl, S. 75)

2. Architektur und Geometrie

Der gotische Baustil

Die heutige Kathedrale von Chartres, die »fünfte Kirche« am Ort des alten Mysterienheiligtums, ist im gotischen Baustil errichtet, der für die Epoche von etwa 1150 bis 1350, vereinzelt noch bis 1450, maßgeblich war. Die Gotik war der erste internationale Baustil, der sich – ausgehend von Saint-Denis und dem Kernland des französischen Königtums, den Regionen Ile-de-France und Picardie – in ganz Europa verbreitete, insbesondere in Frankreich, Deutschland, England und Italien. Die Bezeichnung »Gotik« beruht auf einem Irrtum: Während der Renaissance glaubte man, dieser Stil gehe auf den als »barbarisch« angesehenen Stil der Invasoren des Römischen Reiches – vermeintlich die Goten – zurück. Die eigentlich abwertend gemeinte Bezeichnung blieb auch erhalten, als man den Irrtum erkannt und die Gotik als hohe Kunst des Mittelalters zu schätzen gelernt hatte.

Die Geburtsstunde der Gotik schlug im Jahre 1144, als Abt Suger die Abteikirche von Saint-Denis (bei Paris) vollständig und erstmals einheitlich im neuen gotischen Stil, der die Romanik ablöste, vollendet hatte. Bereits den beiden Türmen der Westfassade von Chartres diente Saint-Denis als Vorbild. Höchstwahrscheinlich hatte der damalige Bischof von Chartres Geoffroy de Lèves, der mit Suger befreundet war, sogar Baumeister, Steinmetze und andere Handwerker aus Saint-Denis nach Chartres gerufen, damit sie am Bau der Türme mitwirkten. Die Ähnlichkeit zwischen den Statuen des Chartreser Westportals und denen des ursprünglichen Hauptportals von Saint-Denis ist unübersehbar. Das Hauptportal von Saint-Denis wurde an vielen Kirchen Europas nachgeahmt – aber sicher nicht in der Absicht eines geistlosen »Abkupferns«, sondern in der Absicht, im Sinne eines bildhaften Denkens bestimmte Geschichten und Allegorien lebendig werden zu lassen, um verborgene Weisheiten im Menschen zu erwecken. Das Mittelalter kannte in der Kunst nicht das Bedürfnis der »Individualität um jeden Preis«, wie wir sie von der Moderne her gewohnt sind. Der Künstler wollte sich nicht unbedingt abgrenzen oder unterscheiden, indem er »Andersartiges und Neues« erschuf; vielmehr wollte er einer höheren Wahrheit Ausdruck verleihen. Wenn diese Wahrheit bereits anderenorts ihren Ausdruck gefunden hatte, so bestätigte es sie nur.

Es finden sich an vielen Portalen gotischer Kirchen ähnliche Darstellungen und auch ähnliche Gliederungen wie in Saint-Denis und Chartres. Die Kunstgeschichte spricht darum von einer einheitlichen Formensprache. Zum Beispiel ist an vielen gotischen Kirchen genau wie in Chartres beim dreigeteilten Haupt- bzw. Westportal das mittlere Portal Christus, das rechte Seitenportal der Maria und das Nordportal dem Alten Testament gewidmet (zu den Portalen siehe S. 91 ff.).

Man unterscheidet zwischen Früh-, Hoch- und Spätgotik, wobei Chartres der Hochgotik zugerechnet wird. Zwischen Früh- und Hochgotik vergingen in Frankreich nur zehn bis zwanzig Jahre: Das architektonische Know-how verbreitete sich für die damalige Zeit überraschend schnell. Der Kirchenbau wurde in der Gotik zum Ausdruck des Strebens nach Gott in wachsende Höhen: Sind die Gewölbe der frühgotischen Kirchen in Sens und Noyon nur 22 Meter hoch, so hat das Gewölbe von Laôn schon 24 Meter, das von Notre-Dame-de-Paris 35 Meter und das von Chartres 37 Meter. Bald darauf folgte Reims mit 38 Metern, Amiens mit 42 Metern, der Kölner Dom mit 45 Metern und Beauvais mit 48 Metern.

Beauvais setzte schließlich einen Schlusspunkt unter die Entwicklung: Das Gewölbe stürzte ein, und die Kathedrale ist ein »Torso« geblieben, der bis heute nur aus einem gigantischen Chor besteht, welcher noch immer durch zahlreiche Behelfskonstruktionen abgestützt werden muss. Die gotische Baukunst fand in Beauvais ihr historisches Ende – eine Gewölbehöhe von 48 Metern konnte man damals bautechnisch nicht mehr bewältigen. Möglicherweise wäre dies jedoch anders gewesen, wenn man beim Bau einige Fehler vermieden, insbesondere den Vierungsturm nicht zu früh aufgesetzt hätte. Man hatte die Grenzen immer weiter vorgeschoben, aber zuletzt überschritten. Wenn die Kathedrale von Beauvais vollendet worden wäre, wäre sie die größte des Abendlandes geworden, die sogar den Petersdom in Rom übertroffen hätte.

In der Gotik wagte man sich – als Ausdruck des Strebens in überirdische Höhen – an den Bau solch hoher Kirchenschiffe, wie es sie zuvor in der Architektur nicht gegeben hatte, weil man sie statisch noch nicht zuverlässig konstruieren konnte. Dass dies in der Gotik gelang, hängt mit einigen ihrer typischen baulichen Merkmale zusammen: Spitzbogen, Kreuzrippengewölbe und Strebebogen. In der Romanik, dem der Gotik vorangehenden Baustil, waren die Kirchen deutlich niedriger und schmaler, und zwar darum, weil die Überwölbung der tragenden Mauern noch nicht so gekonnt gelang. Üblicherweise wurden die Mittelschiffe in der späten Romanik mit einem rundbogigen Tonnengewölbe überwölbt, das jedoch dem Gebäude nur bis zu einer gewissen Höhe Stabilität verlieh. Als man das Tonnengewölbe durch das Kreuzrippengewölbe ersetzte, war es möglich, das ganze Kirchenschiff sowohl breiter (= größere Spannweite) als auch höher zu konstruieren – man konnte sich nun in immer größere Höhen wie auch zu größeren Spannweiten der Mittelschiffe vorwagen,

Blick ins Kreuzrippengewölbe des Mittelschiffs

weil es besser gelang, Druck- und Schubkräfte in ein harmonisches Gleichgewicht zu bringen. Hat das Mittelschiff in Noyon eine Breite von nur 8,50 Meter, so sind es in Laôn schon 10,80 Meter, in *Notre-Dame-de-Paris* 12 Meter, in Reims und Amiens 14,60 Meter, und in Chartres sind es 16,40 Meter.

Beim Kreuzrippengewölbe ist die Höhe notwendigerweise größer als beim Rundgewölbe und im Verhältnis zur Spannweite variabel. Die Kreuzrippe wird ebenso wie der Spitzbogen, der lange vor der Gotik in der islamischen Architektur angewandt wurde, aus zwei Kreisbogen konstruiert. Ein weiterer Vorteil des Spitzbogens besteht darin, dass er den seitlich wirkenden Gewölbeschub – also die Kräfte, die das Mauerwerk auseinanderdrücken und einstürzen lassen könnten – teilweise in senkrechten Druck umwandelt und somit die Pfeiler und Mauern entlastet. Der Gewölbeschub in den hohen tragenden Bereichen der Mauern wurde außerdem von außen durch die zahlreichen Strebebogen abgefangen, die so typisch für gotische Gebäude sind und ihnen von außen oft etwas Skelettartiges verleihen.

Die Strebebogen, die in Chartres in einem Winkel von 108 Grad das Kirchenschiff stützen – dieses Winkelmaß habe ich übrigens bisher bei keiner anderen gotischen Kirche gefunden, fast immer sind die Winkel spitzer –, haben noch einen weiteren Vorteil: Durch sie sind die tragenden Mauern des Kirchenschiffs so gut gestützt, dass diese, ohne einzustürzen, durch zahlreiche Fenster unterbrochen werden können. In der Gotik konnten damit erstmals riesige Fensterfronten erschaffen werden, die in der Romanik noch nicht möglich waren. Manche gotische Kirchen, wie die

Saint-Chapelle in Paris, scheinen nur noch aus Fenstern zu bestehen, während das tragende Mauerwerk zwischen ihnen verschwindet und fast völlig unsichtbar ist.

Gerade die Fenster und der Einfall des Lichtes spielen in der Gotik eine zentrale Rolle, denn seine besondere Wirkung entfaltet der gotische Bau im Inneren weniger durch den Stein als durch den Lichteinfall durch das Glas. In seiner Transparenz bildet das Licht den Gegenpol zum undurchdringlichen Stein. Besonders faszinierend ist es, den wechselnden und in Form von farbigen Schatten wandernden Lichteinfall durch die Fenster im Laufe eines Tages zu beobachten; dabei überwiegen die für Chartres typischen Farben Blau und Rot. Das Licht überwindet die Starre der Mauern und verleiht dem Bau etwas Bewegliches.

Strebebogen am Kirchenschiff

In Chartres lässt sich das Wandern des Lichtes besser als in den meisten anderen gotischen Kirchen beobachten, denn in der Kathedrale sind im Unterschied zu vielen Kirchen noch die weitaus meisten Originalfenster des Mittelalters erhalten. In anderen Kirchen hingegen, zum Beispiel in Amiens und Laôn, fällt durch die nachträglich eingesetzten farblosen Scheiben nur ungefiltertes helles Tageslicht ein. Das gibt dem Bau dann zwar von innen eine angenehme Helligkeit, doch war diese von den mittelalterlichen Baumeistern ursprünglich gar nicht beabsichtigt. Denn erst das farbige Licht der bunten Gläser, das in seiner Schönheit an vielfarbige Edelsteine erinnert, verleiht der Kathedrale ihr »inneres Leuchten«. Es kommt nur zur Geltung, wenn der Innenraum weitgehend dunkel bleibt. Natürlich steht das materielle Licht des Kirchenraumes symbolisch für das innere Licht, das Geisteslicht im Menschen. Es ist das Licht, das die Dunkelheit der Materie durchdringt und sie von innen erleuchtet.

Wir sehen, wie der gotische Baustil von einer Gottessehnsucht des Strebens in höchste Höhen, von der Überwindung der materiellen Schwere und dem Durchlichten der irdischen Dunkelheit getragen ist. Und dabei strahlt eine gotische Kirche wie Chartres in ihrer Ganzheit doch etwas Filigranes und Leichtes aus, dem man die Komplexität der statischen Konstruktion nicht ansieht. All dies war neu und gab es zuvor in romanischen Kirchen, die etwa zwischen 800 und 1100 errichtet wurden, nicht: Sie wirkten insgesamt wuchtig und schwer und waren eher niedrig. Romanische Fenster waren aus Gründen der Stabilität eher klein gehalten und nur in geringer Anzahl vorhanden, die Kunst der Glasmalerei noch gar nicht entwickelt. Diese entfaltete sich erst während der Gotik und geriet mit deren Ende für mehrere Jahrhunderte wieder in Vergessenheit. Von innen herrschten in der romanischen Epoche Wandmalereien vor, von denen in Chartres aus der Zeit des Fulbert-Baus noch einige wenige in der Unterkirche erhalten sind (siehe Foto S. 33). Die ganze Anmutung einer romanischen Kirche, von der man sich in der Chartreser Krypta einen Eindruck verschaffen kann, ist völlig anders – weniger metaphysisch und nüchterner – als die einer gotischen.

> ■ Die Gotik ist der vollendete architektonische Ausdruck des menschlichen Strebens in die Höhe zu Gott. Durch die statischen Vorteile neuer bautechnischer Konstruktionsprinzipien – insbesondere Spitzbogen, Kreuzrippengewölbe und Strebebogen – gelang es, Kirchen zu errichten, die höher und breiter als je zuvor im Abendland waren und dennoch filigran und leicht wirkten. Der Lichteinfall durch die bunten Farbfenster erzeugt im Kircheninneren eine metaphysische Atmosphäre, die von allen gotischen Kathedralen Europas in Chartres mit seinen vielen Originalfenstern aus dem Mittelalter am reinsten zum Ausdruck kommt.

Grund- und Aufriss der Kathedrale

Die Baumeister des gotischen Kirchenschiffs waren in der Freiheit ihrer Konstruktion weitgehend eingeschränkt und haben doch ein Werk geschaffen, dessen Perfektion für das bloße Auge vielfach nicht erkennbar ist. Der gotische Bau musste natürlich auf den alten Fundamenten der romanischen Fulbert-Krypta errichtet werden und sich daher in den Längen- und Breitenmaßen daran orientieren (siehe Farbtafel S. 97). Zudem konnte der Bau in östlicher Richtung (Chor und Chorkapellen) nicht beliebig verlängert werden, weil die Chor-Fundamente des Fulbert-Baus ihm Grenzen setzten. In der Westrichtung war die Ausdehnung des Längsschiffs durch die 50 Jahre ältere Westfassade begrenzt, die ja beim großen Brand von 1194 erhalten geblieben war. Lediglich bei den Querschiffen hatten die Baumeister noch gestalterische Freiheit.

Kaum mit dem bloßen Auge sichtbar, jedoch bei maßstabsgleicher Projektion aufeinander ist erkennbar, wie harmonisch Grund- und Aufriss aufeinander abgestimmt sind: Die Breite des Längsschiffes entspricht genau der Breite der Westfassade inklusive der beiden Türme, wie auf der Abb. rechts sichtbar. Nicht erkennbar ist dort, dass zusätzlich die Breite sowie die Länge jedes einzelnen Turmes genau auf das mittlere Längsschiff (Hauptschiff) abgestimmt ist. Projiziert man den Südturm allein auf den Grundriss, so sieht man, dass seine Helmspitze exakt vor der Chorapsis, also vor der halbrunden Abschlusswölbung des Chores, endet. Die Länge

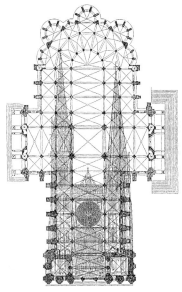

Grund- und Aufriss der Kathedrale, maßstabsgleich aufeinanderprojiziert

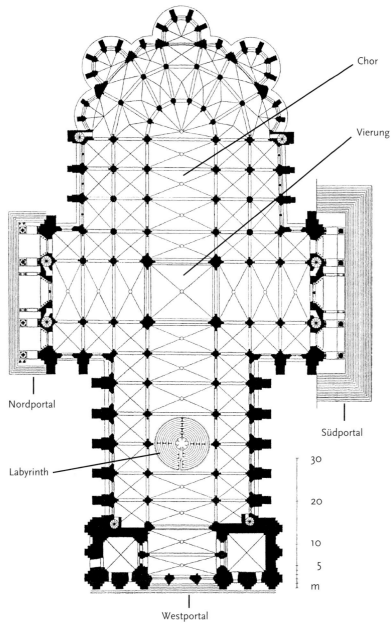

Chor

Vierung

Nordportal

Südportal

Labyrinth

30

20

10

5

m

Westportal

Grundriss der Kathedrale (ohne Sakristei und St.-Piat-Kapelle)

des Nordturms ist so bemessen, dass sein Helm genau mit dem Ende der Chorapsis abschließt.

Doch es gibt noch weitere überraschende Übereinstimmungen. So sind die Westrose und das Labyrinth, projiziert man sie aufeinander, in Lage und Größe deckungsgleich; in der Tat zeigen die bisherigen Untersuchungen, dass die Abweichung nur wenige Zentimeter beträgt. Das führt durch den im Tagesverlauf wandernden Lichteinfall dazu, dass zu bestimmten Zeiten die Darstellung der Maria mit dem Christuskind, wie sie im mittleren der drei Fenster unterhalb der Westrose dargestellt sind, im Labyrinthinneren sichtbar wird. Ursprünglich strahlte Maria genau am 15. August, am Tage von Mariae Himmelfahrt, ihr Licht ins Innere; durch die gregorianische Kalenderreform verschob sich dies auf den 22. August. Täglich ist der Einfall des Lichts von Maria ins Labyrinthinnere je nach Sonnenstrahlung etwa zwischen 14.30 Uhr und 16.30 Uhr zu sehen. Das Ganze hat natürlich eine symbolische Bedeutung, denn der Kern des Labyrinths steht für den Menschen, der zu sich selbst gefunden hat, der also wiedergeboren ist (siehe 4. Kapitel S. 123 ff.).

Man könnte annehmen, dass auch das Licht des in der Mitte der Westrose thronenden Christus zu bestimmten Zeiten im Labyrinth erscheint, dies ist jedoch nicht der Fall. Christus wird gewissermaßen nur »imaginär« dort sichtbar, wenn man die Fensterrose auf das Labyrinth hinunterklappen würde. Auch dies lässt sich symbolisch deuten: Die Menschheit hat das Christusbewusstsein noch nicht erreicht; dementsprechend hat Christus das Innerste des Menschen noch nicht betreten.

Der Aufriss der Westfassade, ohne die Türme betrachtet, schließt auf dem Grundriss genau das Längsschiff auf der Höhe des Beginns der Querschiffe ab. Insgesamt erzeugt das Ganze eine vollkommene Harmonie, der nicht anzumerken ist, dass hier nicht nur verschiedene Baumeister gewirkt haben, sondern auch unterschiedliche Bauphasen verschiedener Zeiten und Epochen (Vorromanik, Romanik und Gotik) gekonnt integriert wurden.

Beschäftigt man sich näher mit den Maßen, so treten noch mehr erstaunliche Tatsachen zutage: In den Grundriss der Kathedrale und natürlich auch in den Aufriss passen genau drei gleichseitige Dreiecke von der Breite des Längsschiffes hinein. Man bezeichnet dies als sogenannte »Triangulatur« – ein Bauprinzip, das auch von anderen Kirchen, beispielsweise vom Mailänder Dom und von den Notre-Dame-Kathedralen in Amiens und Reims, bekannt ist. Durch die Triangulatur wird die gesamte Kirche aus einem durchgehenden Maß, einem Dreieck von bestimmter Größe, konstruiert. Das Dreieck steht symbolisch für die Trinität Vater, Sohn und Heiliger Geist und wird durch seine Dreiheit, die drei Dreiecke, noch überhöht.

Durch eigene Untersuchungen konnte ich feststellen, dass in das Längsschiff der Kirche genau drei ganze Kreise und in das Querschiff genau zwei Kreise hineinpassen (siehe Abb. links). Der Radius dieser Kreise wird vorgegeben durch die Strecke zwischen dem heiligen Zentrum – also dem Ort, auf dessen Höhe in früheren Zeiten in der Unterkirche der heilige Brunnen stand – und der Mitte der Vierung – also dem Bereich, in dem sich Längs- und Querschiff durchdringen. Dies erklärt dann auch, warum die Vierung nicht genau quadratisch sein kann (sie hat die Maße 16,40 Meter mal 13,99 Meter), wie sie es sonst in sehr vielen Kirchen üblicherweise ist. Denn das hätte den Radius und damit die Fläche der Kreise so verändert, dass die vollständige Abdeckung des Kirchenschiffs mit fünf Kreisen nicht gelungen wäre. Das

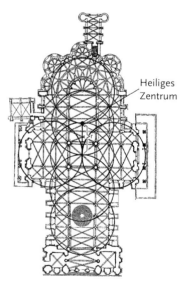

Heiliges Zentrum

Die Gliederung des Kirchenschiffs entsprechend einem Kreis, dessen Radius r vom heiligen Zentrum bis zur Mitte der Vierung reicht

Größenverhältnis vom Längs- zum Querschiff entspricht musikalisch der Quinte (3:2).

Die Abbildung auf der gegenüberliegenden Seite zeigt, dass das heilige Zentrum wahrscheinlich sogar als »Dreh- und Angelpunkt« der Neukonstruktion des gotischen Baus auf der romanischen Unterkirche des Fulbert-Baus diente: Es bestimmte die genauen Maße im Längs- und im Querschiff (ohne Chorumgangskapellen, Portale und Westfassade), und es beeinflusste die Größe der Vierung wie auch die Länge des Chors. Vermutlich hat der Baumeister genau im heiligen Zentrum den Zirkel angesetzt und von dort aus die fünf Kreise geschlagen, aus denen sich die Längs- und die Quermaße des Kirchenschiffs ergeben. Im Mittelalter zog man einen Kreis mit einem Schnurzirkel üblicherweise so, dass man einen Pflock einschlug – in diesem Fall eben im heiligen Zentrum – und sich mit einer daran befestigten straff gespannten Schnur einmal rundherum um den Pflock bewegte.

■ Obwohl sich der gotische Bau in vielerlei Hinsicht an den Maßen des romanischen Vorgängerbaus wie auch an denen der Westfassade orientieren musste, ist das ganze Kirchenschiff in sich stimmig gestaltet und perfekt »durchkomponiert«. Es gelang, ein harmonisches Ganzes zu schaffen, dem man die verschiedenen Epochen seiner Entstehung nicht anmerkt und das außerdem noch größer und höher als alle Vorgängerbauten am selben Ort ist.

Die Bedeutung der Geometrie für den Kathedralenbau

Man kann nur staunen über die vielfachen geometrischen Übereinstimmungen im Detail wie auch im gesamten Bau. Die Geometrie hatte für die Baumeister des Mittelalters eine besondere Bedeutung: Sie war der Schlüssel, um die irdische Kirche mit dem göttlichen Gedanken der Schöpfung in Einklang zu bringen. Analog zur Schöpfung Gottes schufen die Bauherren und Werkmeister ein Gebäude nach dem gleichen Gesetz, nach dem Gott die Welt geformt hat. In der Bibel heißt es:

»Aber du hast alles geordnet mit Maß, Zahl und Gewicht. Denn großes Vermögen ist allezeit bei dir, und wer kann der Macht deines Armes widerstehen« (Weish. Salomo, 11,21).

Die Geometrie war zudem eine der sieben freien Künste, die in der Schule von Chartres gelehrt wurden (siehe S. 148 ff.), und sie ist ebenfalls als Geometria am rechten Seitenportal der Westfassade bildhaft dargestellt. Ausgehend vom Gedankengut Platons, dessen Werk *Timaios* in der Chartreser Kathedralschule intensiv studiert wurde, ging man davon aus, dass die irdischen Dinge ihren Ursprung in göttlichen Ideen haben und dass das Materielle aus dem Geistigen hervorgeht. (Diese Anschauung nannte man im Mittelalter »Realismus«; modern würde man sie als »Idealismus« bezeichnen.) Umgekehrt lässt sich demnach schließen: Wenn etwas – zum Beispiel ein Gebäude wie eine Kirche – auf der materiellen Ebene möglichst vollkommen gestaltet ist, so findet der menschliche Geist darin eine Stütze, um sich in die höheren geistigen Welten emporzuschwingen. So hat es sinngemäß auch der mittelalterliche Philosoph Duns Scotus Eriugena formuliert. Wenn die Geometrie in Einklang mit der göttlichen Schöpfung steht, deren Vollkommenheit widerspiegelt und somit dazu beiträgt, das Bewusstsein des Menschen anzuheben, ist es angemessen, sie als »heilige Geometrie« zu bezeichnen.

Das Wissen um die geometrischen Gesetze war im Mittelalter keineswegs Allgemeingut, zumal die meisten Menschen damals weder lesen noch schreiben konnten. Wissen, gleich welcher Art, wurde ungefähr bis zur Erfindung des Buchdrucks ausschließlich im Umkreis der Kirche gehütet, gelehrt und vermehrt. Aus dem kirchlichen Umfeld heraus entwickelten sich ab dem 8. Jahrhundert auch die ersten Bauhütten, aus denen Mönche als Baumeister bzw. Architekten der Kathedralen hervorgingen. Mit der enormen Zunahme des Kirchenbaus jedoch kamen immer mehr von Laienbruderschaften geführte »weltliche« Bauhütten hinzu, da die kirchlichen zahlenmäßig nicht mehr ausreichten. Überall da, wo wie in Chartres Steinmetzzeichen angebracht sind, handelte es sich bereits um Bauhütten, die von Laien geführt wurden. Am Ende der gotischen Epoche, kurz vor Beginn der Renaissance im 15. Jahrhundert, war die Baukunst bereits vollständig aus ihrem religiösen Kontext herausgelöst. – Aus den Bauhütten, denen man nachsagt, dass sie ihre Geheimnisse strengstens hüteten und nur mündlich weitergaben, sind in späteren Jahrhunderten die Freimaurer hervorgegangen.

Vieles vom geometrischen Wissen der mittelalterlichen Baumeister ist uns nicht überliefert, denn es gibt aus dieser Zeit keine schriftlichen Aufzeichnungen oder Bücher; erst ab dem frühen 15. Jahrhundert existieren erste Werke, die einige wenige geometrische Prinzipien dokumentieren (beispielsweise Matthäus Roriczers *Büchlein von der Fialen Gerechtigkeit,* 1486). Auch über die Geometrie der Kathedrale von Chartres ist nur wenig bekannt, zumal keine Baupläne überliefert sind. In modernen Forschungen wurden bisher immer nur sehr kleine Ausschnitte des ganzen Chartreser Gebäudes untersucht, wobei mehr Wert auf exakte ingenieurwissenschaftliche Einzelmessungen als auf Übereinstimmungen und Verhältnisse zwischen verschiedenen Gebäudeteilen gelegt wurde.

Dabei sind es gerade die Relationen, die Proportionen zueinander, in denen die geometrischen Gesetze erkennbar sind, und zwar deutlicher und klarer als in »absoluten« einzelnen Zahlen. Besondere Bedeutung kommt dabei dem goldenen Schnitt zu. Er besagt, in einem Satz formuliert: Der größere Teil einer Figur (A) verhält sich zum kleineren Teil (B) genauso wie die gesamte Figur (C) zum größeren Teil (A); anders ausgedrückt: A : B = C : A. Die Lösung dieser Gleichung ist $\varphi = 1{,}6180339\ldots$ – die Zahl des goldenen Schnitts, die in der heutigen Mathematik wenig geglückt als »irrational« bezeichnet wird, weil sie ins Unendliche geht, also unendlich viele Stellen hinter dem Komma hat und damit niemals exakt, sondern immer nur näherungsweise erreichbar ist. Figuren bzw. Raumkörper, die nach dem goldenen Schnitt gegliedert sind, finden sich überall in der Natur, in Bauwerken aller Kulturen und in der Kunst. Nach den Proportionen des goldenen Schnitts richten sich zum Beispiel der menschliche Körper, Tiere und Pflanzen. Figuren, die dem goldenen Schnitt entsprechen, empfinden wir subjektiv als »schön« und »harmonisch«, was bei anders gestalteten Figuren nicht der Fall ist. Der goldene Schnitt ist eine jener kosmischen Maß- bzw. Verhältniszahlen der Schöpfung, nach denen die Proportionen in und an der Kathedrale nahezu überall gegliedert sind.

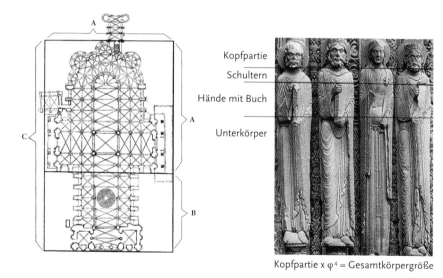

Kopfpartie x φ^4 = Gesamtkörpergröße

Links: Aufteilung des Kirchengrundrisses nach dem goldenen Schnitt; rechts: Goldener Schnitt bei einigen Gewändefiguren am Westportal

Man hat in der modernen Forschung vielfach behauptet, dass man im Mittelalter ja noch keine irrationalen Zahlen kannte, weil man generell keine Berechnungen »hinter dem Komma« anstellen konnte. Demzufolge sei es bestenfalls Zufall gewesen, wenn sich irgendwo der goldene Schnitt fände. Man wusste sich jedoch auf einfache Weise zu helfen, nämlich mit Brüchen. Um eine beliebige Strecke nach dem goldenen Schnitt zu gliedern, teile man sie beispielsweise in acht gleich Teile und füge nach dem fünften Teil die Untergliederung ein (8/5 = 1,6) – oder man teile sie in 13 gleiche Teile und füge nach dem achten Teil die Untergliederung ein (13/8 = 1,62). Auf die gleiche Weise konnte man auch andere irrationale Zahlen wie die berühmte Kreiszahl π = 3,14159... erzeugen; sie entspricht nämlich näherungsweise dem Bruch 22/7. Die mittelalterliche Distanz zwischen den primitiven Arbeitsmitteln und der hohen geometrischen Genauigkeit wurde durch besonderes handwerkliches Können überbrückt.

Die »Berechnung« irrationaler Zahlen mit Hilfe von Brüchen ist auch von vorchristlichen Kulturen überliefert, zum Beispiel von den alten Ägyptern, die ihre Pyramiden und Tempel ebenfalls auf diese Weise konstruierten. Die Tempel und heiligen Stätten aller Zeitalter rund um den Globus folgten seit jeher den Prinzipien der heiligen Geometrie – denn nur so war es möglich, dass sie ihre Funktion erfüllten, den Menschen in ein höheres Bewusstsein zu heben.

Insbesondere die christlichen Kirchen hatten hier als Vorbild den Tempel Salomos. Bereits Abt Suger tat kund, dass die Kathedrale von Saint-Denis ein »Abbild« des Salomonischen Tempels und des himmlischen Jerusalem sein solle. Unzweifelhaft gilt dasselbe auch für Chartres. Dabei ist die Bezeichnung »Abbild« allerdings missverständlich, denn es geht nicht darum, das himmlische Jerusalem einfach nur zu »reproduzieren«, sondern es in einem höheren Sinne erst zu erschaffen. Seine Baumeister sind die Menschen, die durch ihre Schöpferkraft daran mitwirken. – Wir finden übrigens in der modernen Freimaurerei viele

Hinweise auf den Salomonischen Tempel und auf Hieram, der als sein Baumeister gilt.

Wie bereits erwähnt, stand im Mittelalter das bildhafte und symbolische Denken im Vordergrund, während das heute übliche eher abstrakte begriffliche Denken wenig ausgeprägt war. Dementsprechend hatten auch die geometrischen Formen symbolische Bedeutungen:

- Der Kreis als die vollkommenste geometrische Figur ist ohne Anfang und ohne Ende und steht daher für Gott;
- die Trinität wird im gleichseitigen Dreieck (mit drei 60-Grad-Winkeln) dargestellt;
- das Viereck, besonders das Quadrat, symbolisiert die aus den vier Elementen bestehende materielle Welt des Irdischen;
- das Pentagramm, in dem auch der goldene Schnitt enthalten ist, gilt als Symbol für den vollkommenen Menschen und für Christus.

Das Pentagramm ist übrigens in der leicht rechtwinkligen Vierung verborgen: Wenn man einen Kreis mit dem Radius 13,99 Meter – also der Höhe der Vierung – schlägt und ein Pentagramm darin einzeichnet, so haben die fünf Seiten des Pentagramms jeweils eine Seitenlänge von 16,40 Meter, was genau der Breite der Vierung entspricht. Interessanterweise nutzte Simons von Beron, Kanonikus von Chartres im Jahre 1209, den fünfzackigen Stern auf seinem Siegel. Heute ist ein Pentagramm im schmiedeeisernen Gitter des Chorumgangs zu finden.

Die Symbolik der geometrischen Formen setzt sich in der Zahlensymbolik fort. Für uns heute nur noch schwer nachvollziehbar, schrieb man jeder Zahl selbst eine Bedeutung, ein Wesen, zu. Zahlen wurden als geistige Qualitäten empfunden, die der Erde und dem Kosmos ordnende und strukturierende Kräfte verliehen. Alanus ab Insulis, einer der Lehrer der Chartreser Schule, schrieb in seinem Werk *Anticlaudian*:

»Die Zahlen regieren alle Dinge, verbinden die Welt, ordnen den Erd-
kreis, bewegen die Sterne, vereinen die Elemente und die Körper mit
den Seelen, die Erde mit dem Himmel und Überirdisches mit den ver-
gänglichen Dingen.«

Hier einige Zahlen und ihr jeweiliger Symbolgehalt als Beispiel:
- Die Eins symbolisiert die göttliche Einheit, die All-Einheit, aus
  der alle anderen Zahlen hervorgehen. Räumlich entspricht sie
  der Kugel oder dem Kreis.
- Mit der Zwei kommt die Opposition in die Welt (»Zwie-
  tracht«); in ihr zeigen sich alle Polaritäten: das Männliche und
  das Weibliche, Gut und Böse, Leben und Tod, gerade und
  ungerade etc. Aus der Spannung der Polarität entstehen aber
  auch Aktion und Handeln.
- Die Drei ist die erste Zahl, mit der sich geometrisch eine Flä-
  che erzeugen lässt: das Dreieck. Die erste Dreiheit im symbo-
  lischen Sinne ist die Trinität von Vater, Sohn und Heiligem
  Geist.
- Die Vier ist die Zahl der geschaffenen irdischen Welt: vier
  Elemente, vier Jahreszeiten, vier Himmelsrichtungen usw.
- Durch die Fünf entsteht die erste Sternform, das Pentagramm.
  Die Fünf ist die Zahl des Menschen, der mit ausgestreckten
  Armen und Beinen selbst ein Pentagramm bildet.
- Die Sechs verweist auf die Anzahl der Schöpfungstage und gilt
  als Zahl der Vollkommenheit. Geometrisch entspricht ihr das
  Hexagon.
- Die Sieben als Summe der ersten geraden und teilbaren Zahl
  (Vier) und der ersten ungeraden und unteilbaren Zahl (Drei)
  ist auf die Zeit bezogen (sieben Schöpfungstage, sieben Wochentage) und steht auch für die sieben Säulen der Weisheit
  wie die sieben freien Künste (siehe 5. Kapitel S. 149). Als Prim-
  zahl ist sie unteilbar, und ihre Flächengestalt, das Siebeneck,
  ist nur näherungsweise konstruierbar, weil die Teilung von
  360 Grad durch 7 eine irrationale Zahl ergibt.

- Die Acht gilt als lebenspendende aufbauende Wesenheit. Sie – mehr noch die 888 – symbolisiert Christus, der am achten Tage von den Toten auferstand. Die quergestellte Acht oder Lemniskate (∞) steht noch heute in der Mathematik für die Unendlichkeit.
- Die Neun als potenzierte heilige Drei (die drei gleichseitigen Dreiecke im Kirchenschiff) drückt ähnlich wie die Sieben einen hohen Grad der Vollendung aus,
- der von der Zehn (zehn Gebote) noch übertroffen wird. Bei den Pythagoräern ist die 10 die aus der Tetraktys (1 + 2 + 3 + 4) resultierende vollkommene Zahl. Die Zehn ist die Zahl der irdischen Fülle.
- Die Elf ist die Zahl der Sünde, wovon sich im Übrigen der Karnevalsgruß »Alaaf« und der Beginn der »fünften Jahreszeit« am 11. November ableitet, denn die Karnevalszeit ist diejenige Zeit vor Ostern, zu der »Sündigen« erlaubt ist.
- Die Zwölf verweist auf die 12 Apostel, aber auch auf die Zeitrechnung (12 Monate, 12 Stunden, 12 Tierkreiszeichen usw.); sie findet sich vielfach in den Fensterrosen an den drei Portalen wieder. Im Gegensatz zur Elf steht die Zwölfheit wiederum für die Vollkommenheit, und zwar für die kosmische Fülle.

Im Mittelalter hat man häufig statt des heute üblichen Dezimalsystems mit dem Duodezimalsystem gerechnet; so entsprachen

zum Beispiel 12 Denare (Pfennige) einem Solidus (Schilling). Sofern man maßstabsgerechte Zeichnungen anfertigte, wurde sehr oft das Verhältnis 1 : 12 zur Umrechnung verwendet.

Mit der Geometrie eng verwandt ist die Musik. Auch sie ist eine der sieben freien Künste, die in der Schule von Chartres gelehrt wurden. Symbolisiert wird sie von Pythagoras, der wie die Geometria im rechten Seitenportal der Westfassade dargestellt ist (siehe Foto links).

In der pythagoreischen Lehre schöpften Musik, Mathematik, Astronomie und Philosophie aus derselben Quelle. In der Darstellung des Westportals hält Pythagoras ein Instrument in der Hand: ein Monochord, das nur eine Saite hat. Schwingt die ganze Saite, so erklingt deren Grundton, entsprechend der Proportion 1 : 1. Die Saite lässt sich durch einen Steg beliebig abteilen. Bringt man den Steg genau auf der Mitte an, so erklingt ein Ton, der gegenüber dem ersten genau eine Oktave höher liegt; es besteht die Proportion 1 : 2. Eine Unterteilung des Monochords im Verhältnis 2 : 3 lässt eine Quinte erklingen, bei 3 : 4 handelt es sich um eine Quarte, bei 4 : 5 um die große Terz usw. Diese musikalischen bzw. harmonikalen Zahlenverhältnisse sind bestimmend für das Kirchenschiff der Kathedrale:

- Die Oktave bestimmt das Verhältnis der Breite des Mittelschiffs zur Breite des Langhauses.
- Das Verhältnis der Größe des Längsschiffs zur Größe des Querschiffs entspricht der Quinte (drei und zwei Kreise, siehe Abb. S. 64).
- Der Labyrinthmittelpunkt teilt das Längsschiff zwischen Westportal und Vierung im Verhältnis der Quarte – usw.

Die ganze Kathedrale von Chartres ist gewissermaßen steingewordene Musik. (Mehr zum Thema Geometrie, Musik und harmonische Verhältnisse der Kathedrale in meinem Buch *Kathedrale des Kosmos. Die heilige Geometrie von Chartres.*)

■ Geometrie, Arithmetik (Zahlensymbolik) und Musik bildeten in der Vorstellungswelt der Kathedralenerbauer wie auch in der Schule von Chartres mit ihren sieben freien Künsten eine Einheit und hatten symbolischen Charakter. So ist die Anwendung kosmischer Gesetzmäßigkeiten – die gezielte Verwendung geometrischer Figuren, der goldene Schnitt, harmonikale bzw. musikalische Zahlenverhältnisse und Proportionen in den Gliederungen – praktisch überall in der Kathedrale von Chartres zu finden.

Die astronomische Ausrichtung des Kirchenschiffs

Die Geometrie ist auch verwandt mit der Astronomie – einer weiteren der sieben freien Künste –, denn die Bewegung der Gestirne beschreibt geordnete geometrische Bahnen um die Sonne. Mit der Astronomie zu tun hat die ungewöhnliche Ausrichtung des gotischen Kirchenschiffes, das bereits die Lage der Vorgängerbauten (siehe Farbtafel S. 97) übernommen hat. Einer der Kanzler der Schule von Chartres, Pierre de Roissy, schrieb um 1200 in seinem *Handbuch über die Geheimnisse der Kirche*:

»Und es muss die Kirche nach Osten ausgerichtet werden, in Richtung auf den Sonnenaufgang zur Tag- und Nachtgleiche, nicht in Richtung der Herbsttagundnachtgleiche oder der Wintersonnenwende« (zit. nach Halfen, S. 159).

Ganz offensichtlich ist diese für christliche Kirchen eigentlich typische Ausrichtung der Ost-West-Achse in Chartres jedoch nicht gegeben: Chartres liegt nach Messung des *Institut National Geographique* auf der Kompassrose genau auf der Linie 43 Grad Nordost 223 Grad Südwest; verschiedene Autoren geben allerdings davon leicht abweichende Werte an. An den Tagen der Frühjahrs- und der Herbst-Tagundnachtgleichen (21. März und 23. September) geht die Sonne überall auf der Erde bei 90 Grad im Osten auf und bei 270 Grad im Westen unter. Das jeweilige Zeitalter (Stier-, Fische-, Wassermannzeitalter usw.) richtet sich nach dem Sternbild, das am 21. März bei Sonnenaufgang sichtbar ist. Weil die Sonne am Tag der Sommersonnenwende (21. Juni) bei 45 Grad Nordost aufgeht und die Ausrichtung der Kathedrale mit 43 Grad Nordost »nahe daran« liegt, hat man vermutet, dass sie auf den Geburtstag Johannes des Täufers (24. Juni, Johannistag) – als des Verkünders Jesu – ausgerichtet ist. Darauf läuft auch die zitierte Aussage des Kanzlers der Kathedralschule indirekt hinaus.

Doch kann dies nicht stimmen. Denn bedingt durch die Ekliptik geht in Chartres die Sonne am Tag der Sommersonnenwende nicht genau bei 45 Grad, sondern bei 51,56 Grad Nordost auf. Im Laufe der letzten vier Jahrtausende hat sich der Sonnenaufgang um weniger als 1 Grad verschoben, so dass auch früher das Kirchenschiff nicht auf den Johannistag ausgerichtet gewesen sein kann, denn es bleibt immer eine Differenz von 7 bis 8 Grad.

Vielmehr scheint es so zu sein, dass sich die Lage des Kirchenschiffs an der vorchristlichen Kultstätte am selben Ort orientiert. Bekanntlich waren ja die Priester der frühen Kulturen zugleich auch Astronomen. Nach neueren astronomischen Berechnungen hat der Mond in der Zeit zwischen 2000 vor Christus und heute bei seinem Aufgang in Chartres in einem Rhythmus von 18,6 Jahren – einem Mondknotenumlauf, in dem der Mond einmal die Ekliptik durchläuft – mehrfach das genaue Azimut der Kathedralachse erreicht (dazu Schröder, S. 364ff.).

Die Ausrichtung von Chartres deutet somit darauf hin, dass die Kirche tatsächlich auf ein uralte vorchristliche Kultstätte zurückgeht, wahrscheinlich sogar eine megalithische. Denn von vielen Megalith-Denkmälern, wie von den Alignement von Le Menec bei Carnac in der Bretagne und von Stonehenge, ist bekannt, dass sie nordöstlich-südwestlich ausgerichtet sind. Nach einem Bericht Platons schickten die Priester des Heiligtums der Artemis und des Apollon auf Delos alle 18 Jahre eine Gesandtschaft nach »Hyperboräa«, womit wahrscheinlich Stonehenge gemeint ist, das die Ausrichtung 51,58 Grad Nordost hat.

Die Ausrichtung von Chartres orientiert sich also gar nicht am Sonnenkalender, sondern aufgrund des Mondknotenumlaufs am Mondkalender! In praktisch allen vorchristlichen Kulturen kannte man zwei Kalender: den Sonnen- und den Mondkalender. Der Sonnenkalender hat männliche und der Mondkalender weibliche Qualitäten (der Monatszyklus der Frau wie auch die Zeit zwischen Empfängnis und Geburt orientiert sich am Mond). Nach dem Sonnenkalender hat das Jahr 365,25 Tage, das Mondjahr zwischen 354 und 355 Tagen (siderisches Mondjahr: 13 Monate à 27,3 Tage).

In früheren Kulturen des Orients und des Okzidents war man immer bestrebt, die unterschiedlichen Zyklen der beiden verschiedenen Kalender aufeinander abzustimmen, um die Abweichungen zwischen ihnen möglichst gering zu halten; dazu dienten unter anderem Schaltmonate, die gelegentlich eingefügt wurden und die es ermöglichten, einen Lunisolarkalender zu führen. Erste Bestrebungen, die mathematisch stets komplizierte Harmonisierung der beiden Kalender aufzugeben und sich schließlich nur noch auf den Sonnenkalender unter Vernachlässigung des Mondes zu stützen, wurden bereits im Römischen Reich von Julius Cäsar mit der Einführung des julianischen Kalenders unternommen. Aber der endgültige Durchbruch des rein »männlichen« Sonnenkalenders kam nach zahlreichen Kalenderreformen der Päpste, die ja bis in die Neuzeit die Hoheit über die Zeitrechnung besaßen, schließlich mit dem von Papst Gregor XIII. 1582 eingeführten und mittlerweile fast weltweit geltenden gregorianischen Kalender. Damit war in der Zeitrechnung – und somit auch in der Wahrnehmung kosmischer Rhythmen – nur noch die Sonne maßgeblich; die »weiblichen« Kräfte des Mondes hingegen wurden beinahe vollständig unterdrückt. Lediglich unsere heutige Einteilung des Jahres in Monate hat noch einen Bezug zum Mondkalender, doch stimmen weder die Anzahl der Monate noch deren Länge mit dem Mondumlauf um die Erde überein; man hat hier eine starre Einteilung von 30 oder 31 Tagen geschaffen, die dem tatsächlichen Mondumlauf um die Erde nicht entspricht.

Doch zurück zu Chartres: Wenn sich die Ausrichtung des Kirchenschiffs am Mondumlauf orientiert, so wird damit noch einmal auf die Jungfrau Maria, auf die *Virgo paritura* der Druiden und auf die Muttergöttin der Megalithzeit hingewiesen. Chartres war also schon seit seinen frühesten Ursprüngen den weiblichen Kräften im Menschen gewidmet!

Noch eine astronomische Besonderheit: Louis Charpentier hat die These aufgestellt, dass die Lage von Chartres zusammen mit der Lage etlicher anderer gotischer Notre-Dame-Kathedralen, wie zum Beispiel Bayeux, Amiens, Laôn, Reims und Evreux, das Sternbild der Jungfrau am Himmel abbildet. Dies ist durchaus möglich, leider aber bis heute nicht astronomisch präzise nachgewiesen, weil versäumt wurde, die Himmelsachse zu bestimmen. Eine entsprechende Berechnung müsste bis auf Jahrtausend und Jahrhundert genau angeben können, auf welchen Zeitpunkt diese Übereinstimmung zutrifft. Denn aufgrund der Umdrehung der Erde um die Sonne und um ihre eigene Achse wandern die Sternbilder am Himmel für das Auge ja stetig weiter und sind dort nicht immer zur gleichen Zeit am gleichen Ort erkennbar.

Rechnerisch präzise nachgewiesen werden konnte bisher eine überraschende astronomische Übereinstimmung für die Kirchen im Gebiet um Rhein und Weser, Lippe, Ruhr und Main, die umfassend den Sternenhimmel mit allen Sternzeichen um das Jahr 1600 vor Christus abbilden; die dortigen Kirchen gehen auf vorchristliche, zum Teil nachweislich megalithische Denkmäler zurück. Für Chartres und die übrigen gotischen Kathedralen lässt sich bisher Ähnliches nur vermuten; wenn Charpentiers Aussage zuträfe, so hätte nicht nur die Chartreser Kathedrale vorchristliche Ursprünge, sondern womöglich die weitaus meisten Kirchen Frankreichs. Und die dem Sternbild der Jungfrau zuzurechnenden Kirchen und Kathedralen wären alle der Entfaltung der weiblichen Kräfte im Menschen gewidmet.

■ Die Ausrichtung des Chartreser Kirchenschiffs offenbart Erstaunliches: Die Lage von 43 Grad NO bezeichnet den Punkt, an dem der Mond im Verlauf eines Mondknotenzyklus von 18,6 Jahren seinen nördlichsten Aufgangspunkt erreicht. Die gleiche Ausrichtung findet sich bei vielen keltischen und megalithischen Kultstätten, was erneut darauf hindeutet, dass der Ursprung von Chartres als heiliger Stätte mehrere tausend Jahre zurückreicht. Außerdem zeigt die Verbindung zum Mondkalender an, dass Chartres seit altersher mit den weiblichen Kräften verbunden war.

Geobiologische und geomantische Besonderheiten

Die Geobiologie ist die Wissenschaft, die sich allgemein mit dem Einfluss der Erde und speziell mit dem Einfluss bestimmter Orte auf alles Lebendige – auf Menschen, Tiere und Pflanzen – befasst. In der Neuzeit erst im 20. Jahrhundert etabliert, erweckt die Geobiologie vielfach altes Wissen zu neuem Leben, das in frühen Hochkulturen offensichtlich bekannt war und gezielt genutzt wurde, besonders beim Bau von »Tempeln für Himmel und Erde«, die als sogenannte »Orte der Kraft« Stätten mit besonderen kosmoterrestrischen Energien sind. In frühen Hochkulturen wurde das Wissen gepflegt, dass Mutter Erde ein lebendiger Körper ist, den man in gewisser Hinsicht mit dem menschlichen Körper vergleichen kann. Als Vergleichsebene bietet sich hier die Akupunktur an, durch die bekannt ist, dass es im Körper Zonen angereicherter Energie (Meridiane) gibt.

In beziehungsweise auf Erdzonen mit erhöhter Energie wurden in allen Hochkulturen bevorzugt heilige Stätten errichtet mit dem Ziel, die natürlicherweise am jeweiligen Ort vorhandenen Energien so wirken zu lassen, dass der Mensch mühelos auf eine höhere Bewusstseinsebene angehoben werden kann. Bei Chartres ist dies wie bei vielen anderen Kirchen der Fall. Schauen wir uns die »typische Dreierkonstellation« an, die sich in Chartres wie bei vielen weiteren gotischen Kathedralen – heilige Stätten anderer Kulturen (Ägypten, Südamerika usw.) eingeschlossen – findet:

1. Hügel- bzw. Berglage: Das Kirchenschiff liegt deutlich erhoben von der übrigen Stadt auf einer Anhöhe, was, nebenbei bemerkt, die Durchführung astronomischer Zeitmessungen begünstigt.

2. Beschaffenheit des Materialuntergrundes: Die Kathedrale wurde auf einem Kalksteinhügel errichtet, der aus der Ebene der Beauce hinausragt.

3. Nähe zu einem Gewässer: Die Kathedrale liegt in unmittelbarer Nähe zu einem Fluss, der *Eure,* wobei deren Ausläufer

auch unterhalb der Kirche durch den Kalksteinhügel hindurch-
fließen.

Die kosmoterrestrischen Kräfte, die durch diese besondere Kons-
tellation in Chartres wirken, lassen sich einerseits durch den Einsatz von Ruten radiästhetisch überprüfen, andererseits heute auch
mit physikalischen Messinstrumenten genau ermitteln. Beides
wurde in Chartres durchgeführt, wobei weitere Untersuchungen
dazu beitragen könnten, die gefundenen Phänomene gründlicher
zu erforschen und offene Fragen zu beantworten. Nicht zuletzt
lassen sich die Kräfte des Ortes aber auch von jedem Menschen
erfühlen – in Chartres ganz besonders, weil sie hier so stark sind,
dass nur wenig Sensitivität erforderlich ist, um ihre Wirkung auf
den Körper wie auch auf die eigenen Gefühle und Empfindungen
zu erspüren.

Die Geobiologin Blanche Merz hat ermittelt, dass unterhalb
des Kirchenschiffs – und zwar im östlichen Längsschiff in Höhe
des Chors und der Chorkapellen bis zur Höhe des Nord- und des
Südportals – 14 unterirdische Wasserkanäle entlangfließen, die
sich im Chor – etwas östlich des früheren Standorts des heiligen
Brunnens – treffen. Die gleiche fächerförmige Anordnung von
Wasserkanälen unterhalb der Kirche findet sich interessanterweise ebenfalls in der Kathedrale von Santiago de Compostela – dem
Zielpunkt des Jakobswegs, an dem auch die Kathedrale von Chartres liegt. In Santiago de Compostela sind die Wasserkanäle, wie
archäologisch nachgewiesen wurde, künstlich von Menschen-
hand geschaffen; ob dies in Chartres ebenfalls der Fall ist, ist bisher ungeklärt.

Das Element Wasser, das für viele religiöse Stätten kennzeich-
nend ist, wird häufig durch die Allegorie einer Schlange, einer
»Wouivre«, bildlich dargestellt. In Chartres findet sich die Wouivre zu Füßen der Pfeilerfigur des Christus in der Mitte des Südportals: Zwei Drachenköpfe blicken sich gegenseitig an und werden durch den auf ihnen stehenden Christus gewissermaßen
verbunden.

Mit einem Biometer, einem von dem Physiker Alfred Bovis entwickelten Maßstab zur Messung der energetischen Qualität des Ortes, wurden verschiedene Punkte in der Kathedrale vermessen. Das Biometer oder Bovis-Meter misst auf einer Skala zwischen 0 und 18 000 Boviseinheiten die Intensität der Strahlung des Ortes, die sich physisch auf den Menschen auswirkt. Der neutrale Mittelwert eines Ortes liegt etwa zwischen 6500 und 8000 Boviseinheiten. Niedrigere Messwerte zeigen an, dass dem Menschen am betreffenden Ort Energien abgezogen werden; weitaus höhere Messwerte bis zu 18 000 Boviseinheiten finden sich häufig an heiligen Stätten in aller Welt. Für Chartres nun hat Merz die sehr hohe Strahlung von 11 000 Bovis genau an dem Punkt ausgemacht, an dem die 14 unterirdischen Wasserläufe im Chor zusammenlaufen (in der Höhe des dritten Pfeilerpaars, von der Vierung aus gezählt). Dieser Bereich befindet sich, wie schon erwähnt, in der Nähe des ursprünglichen Standortes des heiligen Brunnens *Le-Puits-des-Saints-Forts* (»Saints Forts« heißt übersetzt auch »heilige Kräfte«) und des früheren Standortes des Hochaltars der Kathedrale, der ja im 18. Jahrhundert weiter in die Chorapsis verschoben wurde. Der Priester hatte also ursprünglich seinen Platz an einem der energetisch kraftvollsten Punkte der Kathedrale.

Eine noch höhere Strahlung ermittelte Merz im Labyrinth: In den Windungen des Labyrinths erreichen die Messwerte nur einen Durchschnittswert von 6500 Bovis-Einheiten; im Zentrum jedoch steigen sie auf 18 000 Bovis an, nachdem sie unmittelbar zuvor – quasi auf den letzten Schritten zum Zentrum, die der Pilger durchschreitet – auf 2000 Bovis abgefallen sind. Offensichtlich werden demjenigen, der das Labyrinth durchschreitet, zuerst Energien abgezogen, bevor er dann umso mehr angehoben wird (zum Labyrinth siehe S. 123ff.).

Der unterirdische Wasserlauf zieht sich nicht nur durch das östliche Längsschiff der Kirche, sondern in Windungen durch das gesamte Kirchenschiff. Der Wasserlauf hat eine Tiefe von 37 Metern, was in umgekehrter Richtung nach oben beinahe exakt der Gewölbehöhe des Kirchenschiffs entspricht.

Die Messungen von Merz wurden in neuerer Zeit von dem Diplomingenieur Robert Mayr überprüft, und zwar mittels eines Szintillationszählers, der die elektromagnetische Erdstrahlung (Gammastrahlung, mit sehr kurzer Wellenlänge) misst. Mayr konnte die Ergebnisse von Merz bestätigen. Außerdem stellte er eine besonders hohe Gammastrahlung genau in der Mitte des Westportals unter dem in der Vesica sitzenden Christus (siehe Foto S. 92) fest, einem weiteren Kraftpunkt am Ort der Kathedrale.

Die Kathedrale erhebt sich auf einem mit Lehm überschichteten Kalksteinhügel, der aus der Ebene der Beauce herausragt. Die Polarität des Kalksteins und des aus Granit bestehenden Kirchenfußbodens im Inneren entfaltet eine besondere Wirkung. Während Kalkstein den Körper ermüdet wie ein Schwerkraftsog, wirkt ein Gang über Granit erfrischend und belebend. Der abwärts gerichtete Kalkstein hat eine zusammenziehende Qualität, der aufwärts gerichtete Granit dagegen ist ausdehnend. Der Gegensatz dieser geomantisch wirkenden Ströme bildet nicht nur für Chartres, sondern auch für andere heilige Orte einen Zugang, der die Vereinigung von himmlischen und irdischen Kräften ermöglicht.

■ Dass die Kathedrale ein »Kraftort« ist, lässt sich heute physikalisch und radiästhetisch messen wie auch individuell von jedem Besucher anhand der Wirkung auf Körper und Geist erfühlen. Besondere Kraftpunkte, die die Energien des Menschen erhöhen, liegen zum Beispiel im Chor etwas östlich des früheren heiligen Zentrums in der Nähe zum ursprünglichen Standort des Brunnens, in der Mitte des Labyrinths wie auch vor dem Westportal unter der in einer Vesica sitzenden Christusfigur.

»Diese Kunst von Chartres ist streng, ernst und priesterlich.
Doch schwebt ein leichtes Lächeln über ihr, als würde die
Natur in ihrer Unbefangenheit gelegentlich hindurchscheinen.«
(MÂLE, S. 102)

»Die einzelnen Motive waren in jener Zeit – zum größten Teil –
schon ausgebildet und oft gebraucht. Aber wie sie nun hier in
Chartres angeordnet und miteinander verbunden wurden, ist so
einzigartig und erstaunlich, als habe man bisher nur einzelne,
freilich große und geheimnisvolle Worte gestammelt oder Töne
gesummt, nun aber aus den Worten Sätze geformt und die
Töne zu einem gewaltigen Lied verbunden.« (RICHTER, S. 42)

3. Das Äußere der Kathedrale

Ein Rundgang um die Kathedrale zeigt uns die Reichhaltigkeit
der künstlerischen Gestaltung und offenbart uns in den Stein-
skulpturen der drei Portale etwas von der allegorischen Bilderwelt
des Mittelalters, die lebendig zu den Menschen sprach. Schon
der äußere Eindruck der Kathedrale war im Mittelalter ein völlig
anderer als heute: Ist der Stein heute unbemalt und »nackt«, so
war die Kathedrale im 13. Jahrhundert überaus bunt und farben-
froh. Allein schon durch die Leuchtkraft der Farben bildete sie im
Stadtbild einen Kontrast zu den einfachen Häusern und Hütten
der Einwohner. Insbesondere die zahlreichen Steinmetzwerke an
den Portalen – die Gewändefiguren, Archivolten, Tympana und
Bogenstürze – waren bunt bemalt. Reste dieser Bemalungen,
die über die Jahrhunderte durch Witterungseinflüsse verloren
gingen, treten heute noch zuweilen bei Restaurierungen zutage,
können aber nicht mehr vollständig rekonstruiert werden. Das
Mittelalter kannte einen festen Farbkanon für die dargestellten
Figuren – einen Kanon, der wohl den meisten Menschen der da-

maligen Zeit geläufig war, so dass sie nicht zuletzt anhand der Farben die Figuren erkennen konnten. Die Gewänder der Heiligen Jungfrau zum Beispiel wurden stets in Himmelblau – einem »himmlischen« Blau sozusagen – bemalt. Blau steht für die Offenbarung Gottes, das Gesetz. Christus wurde meist mit einem blauen Mantel über einem roten Untergewand dargestellt, denn Rot ist die Farbe Gottvaters und der Seraphim.

Heute versucht man, die Farben, in denen die Kathedralen bemalt waren, zum Teil durch Lichtprojektionen nachzuahmen. Wer einen Eindruck gewinnen möchte, wie die bunten Kirchen im Mittelalter ausgesehen haben, sollte die Notre-Dame-Kathedrale in Amiens besuchen, deren Hauptportal fast ganzjährig abends zwischen 19 und 20 Uhr von Licht angestrahlt wird. Bei den technisch aufwendigen Lichtprojektionen in Amiens legt man Wert darauf, dass die Farben so historisch genau und originalgetreu wie möglich auf den Skulpturen erscheinen. In Chartres gibt es leider bisher keine solchen Lichtspiele, die einen Eindruck von der farblichen Gestaltung im Mittelalter geben; die Kathedrale wird zwar abends von außen angestrahlt, aber meist nur in einem einheitlichen gelblichen Farbton.

Mit unserem heutigen überwiegend verstandesorientierten Denken sind wir es gewohnt, uns bei der Betrachtung der Skulpturen an den Außenseiten der Kathedrale auf die Identifikation der dargestellten Figuren und der zu ihnen gehörenden biblischen Geschichten zu fixieren. Doch stoßen wir damit schnell an die Grenzen des Verstehens und werden dem bildhaft-allegorischen Denken des Mittelalters nicht gerecht. Die Darstellungen wollen mehr sein als die Wiedergabe biblischer Szenen: Sie wollen im Menschen die Archetypen, die Urbilder der Seele, erwecken und lebendig werden lassen. Chartres hat die Aufgabe, als Tempel der Wiedergeburt den Menschen in ein höheres Bewusstsein zu heben, und genau dies wollen auch die Allegorien an den Portalen und in den Glasfenstern bewirken. Sie wollen uns mit unserem innersten Wesenskern in Verbindung bringen, sie wollen dem

Menschen seine Stellung im kosmischen Gefüge verdeutlichen, und sie wollen unsere geistige Weiterentwicklung anregen und fördern.

Die Skulpturen sind von ihrer schieren Menge her so zahlreich, dass in diesem Führer auf eine vollständige Beschreibung, Wiedergabe und Deutung verzichtet werden muss. Es werden nur die wesentlichsten Figuren und Szenen an den Portalen erläutert. Der Besucher von Chartres ist eingeladen, die Allegorien und Gestalten an den Außenseiten der Kathedrale selbst zu entdecken und für sich zu deuten. (Ergänzend sei auf das Werk Benita von Schröders *Das Mysterium von Chartres* verwiesen, das die drei Portale umfassend und im Hinblick auf die Entwicklung der Menschheit zum Christusbewusstsein interpretiert.)

Die beiden Türme und die Westfassade

Wir beginnen unseren äußeren Rundgang an der Westfassade, die – wie im 1. Kapitel dargestellt – im Wesentlichen zwischen 1144 und 1160 ihre heutige Gestalt erhielt. Dass sie romanischen Ursprungs ist und damit zum Teil auf den Fulbert-Bau aus dem 11. Jahrhundert zurückgeht, lässt sich daran erkennen, dass sich Rundbogen und Spitzbogen an den Türmen teilweise abwechseln. Der Bau der Westfassade in Chartres war es, der in den Herzen der Menschen den Sturm der Begeisterung für den Kirchenbau entfachte und damit impulsgebend für den Neubau vieler weiterer Kathedralen wirkte.

Schauen wir uns die Westfassade genau an, so erkennen wir, dass sie nicht streng symmetrisch ist, sondern leichte Asymmetrien aufweist, besonders bei der großen Fensterrose, der sogenannten Westrose: Die Mitte der Rose befindet sich nicht genau über der Spitze des mittleren Lanzettfensters, sondern ist leicht Richtung Nord (auf der Abb. S. 85 nach links) verschoben. Der Abstand der Rose zum Nordturm ist geringer als zum Südturm.

Daran sieht man, dass es darum ging, bereits vorhandene Bauelemente der Romanik in die neue gotische Struktur zu integrieren und mit dem Kirchenschiff harmonisch zu verbinden. Die leichte Asymmetrie verleiht der Fassade eine gewisse Lebendigkeit.

Der frühgotische Südturm, auch »alter Turm« *(Clocher vieux)* genannt (auf der Abb. rechts), gilt als einer der vollkommensten und schönsten Türme mittelalterlicher Kirchen. Er besticht durch die Klarheit seiner Linienführung, die Ausgewogenheit von wohlproportionierten Formen und die Zurückhaltung im Dekor. Geradlinig nach oben strebend, ruht er doch andererseits auch in sich und fest auf dem Boden. Die Baugestalt führt das Auge des Betrachters in rhythmischen Gliederungen in die Vertikale. Die Gliederungen ergeben sich aus den Fenstern und vorgeblendeten Säulchen, die jeweils durch horizontale Unterbrechungen den Eindruck von Stufigkeit erwecken. Im unteren Bereich wird der Turm auf der Südseite durch Strebepfeiler gestützt, die sich nach oben verjüngen.

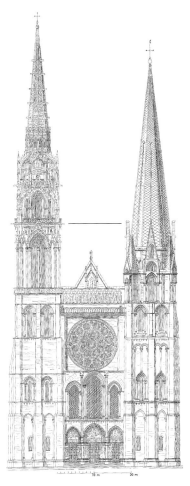

Die Westfassade mit Nord- und Südturm sowie Königsportal

Üblicherweise haben Kirchtürme einen quadratischen Aufbau, der ab einer bestimmten Höhe in ein Achteck überführt wird. Dies hat natürlich eine symbolische Bedeutung: Das Quadrat und die Zahl Vier stehen für das Irdische und das Materielle. Das Oktogon

Die Ecktürmchen am Südturm gestalten den Übergang vom Quadrat zum achteckigen Helm harmonisch

und die Zahl Acht stellen den Übergang zum Kreis und damit zur göttlichen Vollkommenheit dar; die Acht symbolisiert auch die Unendlichkeit. Jeder Kirchturm verweist somit von der irdischen Welt zu den höheren geistigen Welten.

Die oktogonale, nach oben spitz zulaufende Form wird durch den Turmhelm gebildet. Der Übergang vom Quadrat des Unterbaus zum Achteck des Helms ist ästhetisch nicht leicht zu bewältigen; an vielen Kirchen sieht er ungelenk und wenig gelungen aus, anders jedoch am Chartreser Südturm: Hier wird die Zone des Übergangs durch acht Ecktürmchen mit schlanken Giebeln und pyramidenförmigen Dächern »weich« gestaltet, während sie an anderen Kirchen oft »hart« aussieht (siehe Abb. oben). Der Turmhelm ist aus Stein, wenn auch seine Oberfläche die Anmutung von Schieferplatten imitiert; in früheren Zeiten mag seine Oberfläche durch die Sonne geschimmert haben.

Wie alle übrigen Elemente des Baus, so ist auch der Südturm nach dem goldenen Schnitt gegliedert, und zwar liegt die harmonikale Teilung genau in der Höhe der Spitzen der acht Ecktürmchen (in der Abb. S. 85 durch die horizontale Linie eingezeichnet).

Ganz anders als der Südturm ist im oberen Teil der Nordturm, auch »neuer Turm« *(Clocher neuf)* genannt, gestaltet. Nachdem der ursprüngliche bleigedeckte Helm des Nordturms 1506 durch einen Blitzschlag zerstört worden war, wurde er von 1507 bis 1513 von Jehan de Beauce im Flamboyant-Stil errichtet. Dieser für die späte Gotik charakteristische Stil wirkt verspielter und dekorativer als die strenge klare Formgebung des Südturms. Vermisst man den Nordturm nach dem goldenen Schnitt, so stellt man etwas Merkwürdiges fest: Die Proportionen des zehn Meter höheren Nordturms orientieren sich am goldenen Schnitt des Südturms und nicht etwa an dessen eigener Höhe (erkennbar an der eingefügten horizontalen Linie auf Abb. S. 85). Es finden sich am Nordturm zwar gliedernde Elemente wie horizontale Unterbrechungen, doch richten sie sich konsequent am Südturm und dem mittleren Teil der Fassade aus, so dass sie damit gewissermaßen eine eigene Identität verleugnen – es ist, als ob sich der neue Turm vor dem alten »verneige«, obwohl er ihn an Höhe überragt. Man mag daran sehen, wie sehr der spätgotische Architekt bemüht war, sein eigenes Werk mit der frühgotischen Westfassade in Einklang zu bringen und deren Stimmigkeit nicht durch eine abweichende »Individualität« des Nordturms zu gefährden. Durch die ungleiche Höhe der beiden Türme und die unterschiedliche Gestaltung ihrer beiden Helme entsteht eine gewisse Spannung und Dynamik, die aber im Ganzen harmonisch aufgelöst wird. – Sowohl der Nord- als auch der Südturm tragen auf ihrer Spitze jeweils einen Halbmond und eine Kugel als Symbol der Sonne, womit auf den Ausgleich zwischen männlichen und weiblichen Kräften hingewiesen wird. Der alte Turm ist dem Erzengel Gabriel geweiht, der neue Turm dem Erzengel Michael.

■ Die Westfassade mit den beiden Türmen ist leicht asymmetrisch, wirkt aber in ihrer Dynamik insgesamt harmonisch und ausgewogen. In der klaren vertikalen Ausrichtung des Südturms gelingt durch spitzgiebelige Ecktürmchen ein eleganter Übergang zum achteckigen Turmhelm. Der neuere und höhere Nordturm orientiert sich in seinen Proportionen am Südturm.

Engel, Esel und Schwein – drei allegorische Gestalten auf der Südwestseite

Zu beiden Türmen gab es in früheren Zeiten an der Nord- und an der Südseite jeweils separate Eingänge, die später zugemauert wurden. Auf der Südseite erkennt man noch heute den ehemaligen Eingang, der die Form einer auffälligen Nische rechts neben dem Engel mit der Sonnenuhr hat.

Dieser Engel ist eine jener bezaubernden Steinplastiken, die durch ihr geheimnisvolles Lächeln den Betrachter faszinieren. Wahrscheinlich war der Engel ursprünglich eine der Gewändefiguren am Westportal und wurde erst später an die Südwestecke verlegt sowie mit Flügeln versehen; die Sonnenuhr erhielt er 1528. Der Engel ist die Nachbildung eines durch Witterungs- und Umwelteinflüsse stark in Mitleidenschaft gezogenen Originals, das heute noch in der Krypta zu sehen ist.

Engel, Esel und Schwein – dazwischen zwei ehemalige Portale

Rechts neben dem Engel mit der Sonnenuhr findet sich die Skulptur eines Leier spielenden Esels. Über diese sonderbare Darstellung an einer christlichen Kirche hat man sich oft gewundert und wusste sie nicht recht zu deuten, obwohl sie, ausgehend von Chartres, an vielen Kirchen entlang der *Loire* nachgeahmt wurde. Sie scheint in den Kulturen des Vorderen Orients bis nach Mesopotamien und Ägypten recht verbreitet gewesen zu sein. Es gab in früheren Zeiten auch die Redewendung: »so unfähig wie ein Esel, der versucht, auf einer Leier zu spielen.« Aus der Antike ist vom griechisch-römischen Dichter Phaedrus eine kurze Fabel über den Leier spielenden Esel überliefert (*Liber Fabularum,* App. Perrottina 14, übersetzt von S. Klug):

Engel

> *»Ein Esel sah eine Leier auf der Wiese liegen. Er kam herbei und betastete eine Saite mit einem seiner Hufe. Durch seine Berührung erklangen Töne. ›Das ist eine schöne Sache‹, rief er aus, ›aber beim Herkules, es fehlt mir doch erheblich an Können, weil ich unwissend bin! Wenn sich jedoch ein Klügerer fände, dann könnte er die Ohren mit göttlichen Klängen erfüllen.‹ Auf diese Weise gehen Talente oft durch Missgeschick verloren.«*

Eine anderer Text des in der Kathedralschule von Chartres häufig gelesenen Philosophen Boethius thematisiert ebenfalls den Esel (*Trost der Philosophie,* zit. nach Halfen, S. 76):

> *»Wer mit heiterem Sinn das Leben geordnet,*
> *Wer das stolze Geschick sich zwang zu Füßen,*
> *Wer das wechselnde Glück mit festem Auge*

Esel

So betrachtet, dass nie ihm zuckt die Wimper.
Den beugt nimmer ... das Dräun des Meeres, ...
Doch wer bebend verzagt oder Wünschen nachhängt,
nimmer steht er fest, ist nie sein eigen. ...
Empfindest du dies, sprach sie [die Dame Philosophie],
dringt es in deinen Geist? Oder stellst du dich wie der Esel
zur Leier? ...«

Der Esel in Chartres kann zweifach interpretiert werden: Er steht für denjenigen, der seine Talente und Fähigkeiten noch nicht entfaltet hat, weil er fremden Wünschen nachhängt, wie auch für denjenigen, der sie wieder verloren hat, weil er sie für Tätigkeiten vergeudet, die ihm nicht liegen.

Auf der rechten Seite neben dem Esel befindet sich die »spinnende Sau«, von der heute nur noch ein Rest erhalten ist. Sie steht für die niederen tierischen Antriebe im Menschen. Im Mittelalter, als die Kirche von zahlreichen Pilgern besucht wurde, lag der Ausgang in der heute zugemauerten Tür zwischen dem Engel und dem Leier spielenden Esel. Dies entspricht der kosmischen Ordnung: Der Mensch nimmt genau die Mittelstellung ein zwischen der geistigen Welt, dargestellt durch den Engel, und der Tierwelt, dargestellt durch Esel und Sau. Und so wie der Esel seine wahren Talente entweder noch gar nicht erkannt oder sie schon wieder verloren hat, genauso kann auch der Mensch mehr zum einen oder zum anderen neigen. Doch was bedeutet nun die Sonnenuhr in den Händen des Engels?

Wenn man die drei allegorischen Gestalten Engel, Esel und Schwein zusammennimmt, so lässt sich ihre Bedeutung folgendermaßen in Worte fassen: »Mensch, bedenke wohl die Zeit! Vergeude deine Talente nicht wie der Leier spielende Esel mit Beschäftigungen, die nicht deinen Fähigkeiten entsprechen. Sonst bist du in Gefahr, zum ›Spinner‹ zu werden, der sich im Verstandesdenken verirrt, und wieder auf die animalische Ebene des Schweins hinabzusinken.«

■ Die Skulpturen von Engel, Esel und Schwein an der Südwestseite weisen auf die kosmische Stellung des Menschen zwischen Tier und Engel wie auch auf die Aufgabe des Menschen hin, seine Talente klug einzusetzen.

Die Skulpturen des Königsportals

Das Westportal wird von altersher auch als »Königsportal« bezeichnet, wobei der Grund für diese Benennung heute in Vergessenheit geraten ist. Das Portal hat die für gotische Kirchen typische Dreigliederung in ein Haupt- und zwei Seitenportale.

Beginnen wir mit dem **mittleren Portal**. Unübersehbar an zentraler Stelle thront im Tympanon Christus in der Mandorla, der »Fischblase« oder »Vesica piscis«, wie sie auch genannt wird (Foto S. 92). Die Mandorla ist ein von vielen mystischen Schulen benutztes Symbol. Das Zeichen der frühen Christen war bekanntlich der Fisch, weil seit dem Jahr null der Sonnenaufgang zum Zeitpunkt der Frühlings-Tagundnachtgleiche im Sternzeichen Fische stattfindet. Außerdem ist die Mandorla auch im gotischen Spitzbogen verborgen und bildet dessen obere Hälfte. Christus wird auf typische Weise mit einer segnenden Geste der rechten Hand und dem heiligen Buch in der linken

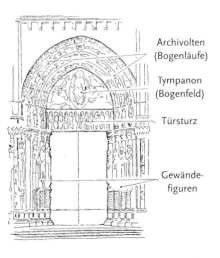

Archivolten
(Bogenläufe)

Tympanon
(Bogenfeld)

Türsturz

Gewände-
figuren

Schema zur Erklärung der Fachbegriffe

Westportal Mitte, Tympanon und Archivolten mit Christus, den vier
Evangelisten, darunter im Türsturz die Apostel

dargestellt. Sein Kopf ist von einer Aura umgeben, in der ein
gleichschenkliges Kreuz erkennbar ist. Die Darstellung Christi
folgt dem Johannes-Evangelium mit den Worten: »Ich bin die Tür.
So jemand durch mich eingeht, wird er selig werden.« (Joh. 10,9)

Umgeben ist Christus von vier Tiergestalten – Mensch, Löwe,
Stier und Adler –, die allegorisch die vier Evangelisten darstellen.
Nach einer Deutung des Kirchenvaters Hieronymus steht der
Mensch für das Matthäus-Evangelium, weil sein erstes Kapitel
mit dem Stammbaum Jesu beginnt; der Löwe gehört zu Markus,
denn die Bußpredigt des Vorläufers Jesu wird mit dem Brüllen
des Löwen verglichen. Das Lukas-Evangelium beginnt mit dem
Opfer von Zacharias, wobei das Opfertier ein Stier ist. Der Adler schließlich verweist auf Johannes, weil er höher fliege als die
anderen Evangelisten. Geläufig ist im Mittelalter auch eine andere Deutung: Das Matthäus-Evangelium befasst sich mit der
Menschwerdung Jesu, der Stier des Lukas-Evangeliums mit dem
Kreuzopfer Jesu, der Löwe des Markus-Evangeliums steht für die

Auferstehung Christi und der Adler des Johannes-Evangeliums für dessen Himmelfahrt.

Über Christus befindet sich im inneren Bogenlauf eine Taube als Zeichen des Heiligen Geistes, und im äußeren Bogenlauf halten zwei Engel eine Krone über sein Haupt. In den inneren Archivolten sind 12 Engel dargestellt, die nach der Offenbarung des Johannes die Wächter der Tore des Neuen Jerusalem sind. Sieben der Engel halten ein Astrolabium in der Hand, ein seit der Antike bis ins Mittelalter verwendetes Messinstrument zur Bestimmung der Sterne und der Uhrzeit. Die Sieben steht auch symbolisch für die sieben im Mittelalter bekannten Planeten unseres Sonnensystems. In den beiden äußeren Archivolten sind die 24 Ältesten der Offenbarung dargestellt, die, in majestätischer Ruhe thronend und mit verschiedenen Musikinstrumenten versehen, »das neue Lied« (Offb. Joh. 14, 3) verkünden.

Unterhalb von Christus im Türsturz befinden sich die 12 Apostel, jeweils mit Büchern oder Schriftrollen in den Händen und diese entweder deutlich zeigend oder nach oben haltend. An den beiden äußeren Enden links und rechts neben ihnen sind Elias und Henoch dargestellt. Sie haben keine Schriften in den Händen, denn sie bedürfen der Buchgelehrsamkeit nicht, weil sie leibhaftig in den Himmel aufgestiegen sind und dort »das Wort« geschaut haben. Was Henoch in der Hand hält, könnte eine Schriftrolle sein, doch weist sie deutlich nach unten, womit ihre geringe Bedeutung gezeigt wird. Die 12 Apostel werden so dargestellt, als ob sie sich – wie antike Philosophen oder die Schüler der Kathedralschule von Chartres – in einem philosophischen Dialog befänden.

Das **rechte Seitenportal** ist Maria gewidmet. Zentral ist die hier Darstellung im oberen Tympanon: Maria mit dem Jesus-Kind auf dem Schoß (siehe S. 94), umgeben von zwei Engeln. Im Scheitel der Archivolte erscheint über dem Haupt von Maria die kaum noch erkennbare Hand Gottvaters. Im unteren Türsturz, von links nach rechts gesehen, sind in zeitlicher Abfolge verschiedene Szenen aus dem Leben von Maria dargestellt: Ganz links verkündet

Rechtes Seitenportal des Westportals, Maria

der Erzengel Gabriel ihr, dass sie schwanger ist. Zwischen beiden befindet sich ein Buch, das auf die Prophezeiung von Jesaias 7, 14 hinweist: »Siehe, eine Jungfrau ist schwanger und wird einen Sohn gebären, den sie Immanuel nennen wird« (»Immanuel« bedeutet: »Gott ist mit uns«). Rechts daneben wird die Heimsuchung gezeigt, der Besuch Marias bei Elisabeth, die sie – inzwischen schon zur Königin geworden – liebevoll an der Hand hält.

Es folgt die Geburt Jesu, die auf ungewöhnliche Art gezeigt wird: Maria liegt in einem geschlossenen sarkophagähnlichen Bett, die rechte Hand am Ohr. Auf dem Bett steht ein Körbchen, in dem, leider heute weitgehend zerstört, Jesus als Wickelkind liegt, umgeben von Ochse und Esel, die nicht mehr zu erkennen sind. Diese Darstellung ähnelt auffällig derjenigen des mittlerweile zerstörten Lettners (siehe S. 51). Jesus als Wickelkind ist eine Allegorie für das noch unentwickelte, nicht entfaltete Bewusstsein des Menschen, dass sich erst wenig vom animalischen Bewusstsein entfernt hat. Ein Ochse ist, ebenso wie ein Muli, ein unfruchtbares Tier, und genauso ist der Mensch mit unentwickeltem Bewusstsein noch unfruchtbar in höherer geistiger Hinsicht. Rechts neben dieser Szene wird die Verkündigung an die Hirten dargestellt, von denen einer auf einer Panflöte spielt. Im Türsturz darüber ist die Darstellung Jesu im Tempel zu sehen. Ungewöhnlich, dass der kleine Jesus auf einer Säule steht, links und rechts gehalten von Josef und Maria. Weitere Angehörige zu beiden Seiten der heiligen Familie wohnen der Zeremonie bei; einige von ihnen halten Tauben in den Händen, die nach dem Lukas-Evangelium als Opfer dargebracht wurden.

In den Archivolten sind um die Marienszenen herum die sieben freien Künste der Schule von Chartres dargestellt, jeweils versehen mit einem typischen Gelehrten als Vertreter jeder Kunst. In der äußeren Archivolte befinden sich die folgenden Darstellungen in der Reihenfolge von links unten nach rechts unten: Aristoteles und Dialektik, Cicero und Rhetorik, Euklid und Geometrie, Arithmetik und Boethius, Astronomie und Ptolemäus, Grammatik und Donatus (siehe S. 151). In der unteren Archivolte sind in gleicher Reihenfolge zu sehen: die Sternzeichen Fische und Zwillinge, drei Engel, die Hand Gottes, drei Engel, Musik und Pythagoras.

Die Darstellung der sieben freien Künste stimmt in vielen Dingen mit der Beschreibung von Alanus ab Insulis, einem der Gelehrten der Chartreser Schule (siehe S. 157), überein. So schreibt er im *Anticlaudian* über die Dialektik (Foto rechts):

>»*Wie im Dispute befindlich irret das Haar ihr hinunter, mit sich selber im Kampfe, unschicklich selber verwirrend. Und kein Kamm vermag es zu bändigen, auch keine Schere beißt es ab mit schneidendem Biss und stutzet das Ende*« (zit. nach Tezmen-Siegel, S. 319).

Genauso wird die Dialektik mit einem wirrem Haarschopf dargestellt, der sich aber auch noch anders deuten lässt, nämlich als ein kleiner Drache. Dies zeigt die Gefahr, die mit der Dialektik (= Logik) verbunden ist und deren man sich in Chartres bewusst war: Das rein logisch-kausale Denken des Verstandes – im Mittelalter erst in seinen Anfängen entwickelt – wird, sobald es seine emotionale Herzens- und damit die Vernunftkomponente verliert, wirr und zerstörerisch wie ein Drache; es beißt denjenigen, der es hervorgebracht hat. Der Sieg über den Drachen ist in allen Mythologien ein wichtiges Motiv der Selbstwerdung des Menschen. In der linken Hand hält die Dialektik ein Zepter – als Zeichen für den Menschen, der es erfolgreich geschafft hat, das wirre Denken zu überwinden und seine höhere Intelligenz zu entwickeln.

Geradezu humorvoll mutet die Darstellung der Grammatik an (siehe Foto S. 151). Als Lehrerin mit Zuchtrute hat sie einen etwas herben Zug um die Mundwinkel und zwei Schüler unter sich: einen braven fleißigen und einen unartigen. Der fleißige ist bekleidet und in sein Buch vertieft, während der faule beinahe nackt ist, sich nicht für sein Buch interessiert und zu allem Überfluss auch noch den fleißigen an den Haaren zieht.

Das **linke Seitenportal** wird häufig als Allegorie der Auferstehung Christi gedeutet. Vordergründig scheint dies auch der Fall zu sein, denn im Tympanon (siehe S. 106) steht anscheinend Christus auf einem Wolkenband, umgeben von zwei Engeln, und im Türsturz sind wiederum die Apostel abgebildet. Doch es gibt einige Dinge, die sich nicht in diese Deutung einfügen wollen:

1. Christus und die Apostel werden bereits im mittleren Portal dargestellt, warum also hier noch einmal?

2. Es sind nur zehn »Apostel« zu sehen, obwohl es eigentlich 12 sind, wie im mittleren Portal richtig dargestellt.

3. Wenn es sich nur um die biblische Geschichte handelt, wieso sind dann die drei Portale von rechts nach links zu lesen anstatt umgekehrt? Also rechts anstatt links die Geburt Jesu, in der Mitte sein Wirken und dann links anstatt rechts seine Auferstehung.

4. Befremden löst die Darstellung der vier Engel im unteren Teil des Tympanons aus: Sie scheinen sich geradezu »im Sturzflug« nach unten zu bewegen und wenden sich deutlich von der zentralen Gestalt im Tympanon ab, auf die sie jedoch mit ihren Armen verweisen.

All das deutet darauf hin, dass mit diesem Portal noch etwas anderes als die Auferstehung Christi beziehungsweise das Pfingstgeschehen angesprochen wird, und zwar meiner Ansicht nach dasjenige, dem die Kathedrale von Chartres von alters her gewidmet ist: die Wiedergeburt des Menschen in ein höheres Bewusstsein.

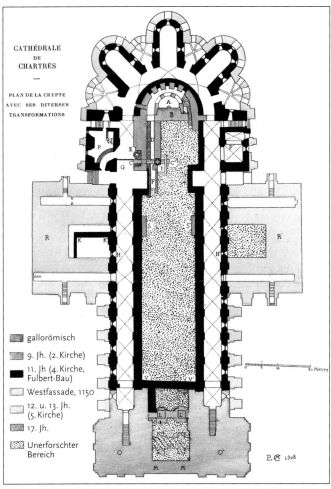

CATHÉDRALE
DE
CHARTRES
—

PLAN DE LA CRYPTE
AVEC SES DIVERSES
TRANSFORMATIONS

gallorömisch

9. Jh. (2. Kirche)

11. Jh (4. Kirche,
Fulbert-Bau)

Westfassade, 1150

12. u. 13. Jh.
(5. Kirche)

17. Jh.

Unerforschter
Bereich

P. Œ 1908

A: Lubinusgruft – B: Gallorömische Mauerwand – C, C': Gallorömische Mauerwand, entdeckt 1904 – D: Gewölbe des 9. Jh., verbunden mit der Lubinusgruft, entdeckt 1904 – E:
Brunnen Puits-des-Saints-Forts, entdeckt 1904 – F: Nordseite der Kathedrale des 9. Jh.,
entdeckt 1904 – G: Kapelle Notre-Dame-de-Sous-Terre – H, H': Frühe Fenster der Krypta
von 1204 – I: Seitlicher Choreingang der Kathedrale des 9. Jh., entdeckt 1904 – K, K':
Grundmauern der Portale des 9. Jh., entdeckt 1893 – L, L': Grundmauern der Fassade
des Narthex um 1145, entdeckt 1901 – M, M': Rekonstruktion der Grundmauern, Ende
des 12. Jh. – O, O': Fundamente der beiden Türme des 12. Jh. – P, P': Querschiffe des 11.
Jh. – R, R': Querschiffe des 13. Jh. – S, S': Seitliche Mauern des 9. Jh., entdeckt 1891 – V,
V': Fassade der Kathedrale des 11. Jh., entdeckt 1901

Plan der Kathedrale auf der Krypta-Ebene

Westrose mit drei Fenstern darunter

Nordrose mit fünf Lanzettfenstern

Südrose mit fünf Lanzettfenstern

Fensterausschnitt Notre-Dame-de-la-Belle-Verrière

Ausschnitt aus dem Fenster des hl. Apollinaire (Engelhierarchie)

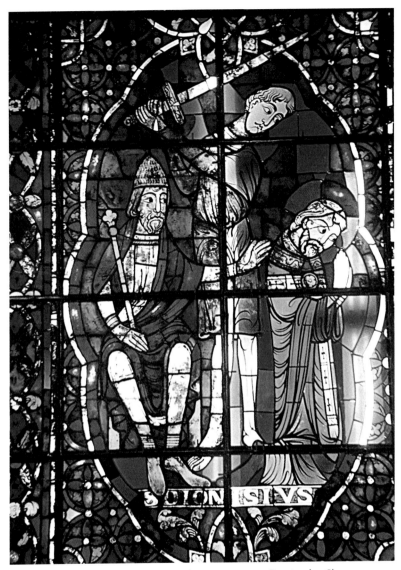

Rekonstruierter Ausschnitt aus einem heute zerstörten Fenster des Chorumgangs:
Dionysius stirbt als Märtyrer

Im Innern der Kathedrale: Blick von
Südwesten Richtung Notre-Dame-du-Pilier,
im Vordergrund zwei Vierungspfeiler

Blick bei Nacht auf das Kirchenschiff von der Südseite

Dementsprechend sind die zehn Gestalten im Türsturz nicht etwa die Apostel, sondern diejenigen Menschen, die es zur *irdischen* Vollkommenheit gebracht haben (wir erinnern uns: Zehn ist die Zahl der irdischen Fülle), aber noch nicht darüber hinaus. Mehrere von ihnen wenden ihre Köpfe deutlich nach oben, als ob sie zu den höheren Sphären hinstrebten. Die seltsam anmutenden Engel über ihnen strecken diesen Menschen ihre Hände und Flügel entgegen – sogar über die horizontale Abgrenzung, das Zeichen der Grenze der irdischen Welt, hinaus –, als ob sie sie hinaufziehen wollten; zugleich verweisen die Engel nach oben auf das Ziel, nämlich auf den höheren Menschen, der das Christusbewusstsein in sich entfaltet hat. Genau dieser Mensch ist es, der über dem Wolkenband schwebend im oberen Teil des Tympanons dargestellt wird und der sein volles Bewusstseinspotenzial entfaltet hat.

In den Archivolten rund um dieses Geschehen sind die Tierkreiszeichen angeordnet, und zu jedem Zeichen wird eine typische Monatsarbeit aus dem bäuerlichen Umfeld oder eine Allegorie gezeigt. Jeder Archivoltenschenkel zeigt drei Monate, die von unten nach oben ansteigen und dann auf der gegenüberliegenden Seite fortgesetzt werden. Januar, Februar und März sind auf der inneren rechten Archivolte dargestellt, April, Mai und Juni auf der inneren linken; Juli, August und September stehen auf der äußeren linken Archivolte, Oktober, November und Dezember auf der äußeren rechten. Zu den praktischen Tätigkeiten und Allegorien gehören zum Beispiel der Januskopf des Januars, die Getreideernte im Juli, das Schlachten eines Schweins im November und das Feiern eines Paares im Dezember.

Interessanterweise sind die Sternzeichen für März und Juni, Fische und Zwillinge, nicht im linken Seitenportal zu sehen, sondern sie wurden ins rechte Seitenportal in die Archivolten versetzt. Damit ist ein Bezug zum dortigen Thema, der Geburt Jesu, hergestellt. Insbesondere das Fehlen des Sternzeichens Fische im linken Portal verweist darauf, dass der Mensch das Christus-

Links: Linkes Seitenportal des Westportals, Tympanon und Türsturz.
Rechts: Gewändefiguren mittleres Portal: Jesse, König David, Königin
von Saba, König Salomo

bewusstsein im Fischezeitalter – dem jetzigen Zeitalter, das sich
seinem Ende zuneigt – noch nicht erreichen wird. Bevor er geistig
so hoch aufsteigen kann, muss er zunächst neu geboren werden,
wie im rechten Portal dargestellt.

Geheimnisvoll überirdisch entrückt erscheinen uns die Gewändefiguren an den drei Portalen, die auf hohen Konsolen zwischen
Himmel und Erde schweben – übergroß, als ob sie direkt aus den
Säulen hervorträten. Mehrere ihrer Köpfe sind von einer Aura
umgeben, und viele zeichnen sich durch ein wissendes, glückse-
liges Lächeln aus. Wären sie nicht an einer christlichen Kirche
angebracht, so wäre der Vergleich mit Erleuchteten, wie wir sie
aus dem Buddhismus kennen, wohl angemessen. Ursprünglich
waren es 24 Figuren, von denen nur 19 erhalten und die meisten

namentlich nicht mehr sicher identifizierbar sind. Alle Figuren werden mit einer segnenden Geste dargestellt, würdevoll und hoheitlich. Ihre Haartracht und ihre Kleidung wie auch ihre gesamte Erscheinung schwankt zwischen christlicher Darstellung einerseits und höfischer Würde des mittelalterlichen Adels andererseits. Es finden sich biblische Gestalten – Patriarchen, Propheten, Könige und Königinnen des Alten Testaments – ebenso wie Adlige und Könige der damaligen Zeit darunter, beide in einem fließenden Übergang.

Namentlich eindeutig belegt sind nur die Königin von Saba am mittleren Portal (dritte von links auf der rechten Seite, siehe Abb. links) sowie neben ihr König Salomo. Bemerkenswert erscheint die Figur direkt an der Pforte auf der linken Seite des mittleren Portals (dritte von links): Ihre Gesichtszüge gleichen in fast allen Details der Darstellung Christi in der Mandorla des Tympanons darüber. Sollte Christus hier ein zweites Mal erscheinen und gewissermaßen die Besucher, die die Kirche durch das mittlere Portal betreten, aus unmittelbarer Nähe direkt begrüßen?

■ Das Königsportal ist dreigegliedert: Im rechten Seitenportal wird die Geburt Jesu in mehreren Szenen dargestellt, außerdem die sieben freien Künste. Im mittleren Portal steht Christus in der Mandorla mit den 12 Aposteln im Vordergrund; im linken Seitenportal wird die Auferstehung Christi oder auch der zum vollen Christusbewusstsein auferstandene Mensch dargestellt, umgeben von den Tierkreiszeichen. Der Ausdruck der 19 erhaltenen Gewändefiguren schwankt zwischen überirdischer Abgeklärtheit einerseits und irdischer Lebensnähe mit detailgetreuer Gestaltung von Haartracht und Kleidung andererseits.

Die Skulpturen des Nordportals

Das Nordportal entstand ab 1204, etwa 50 Jahre nach dem West-portal. Sogleich bemerken wir hier eine völlig andere Atmosphäre als beim Königsportal. Dazu trägt einerseits die riesige Vorhalle bei, die im Mittelalter bei Messen auch von Kaufleuten mit ihren Ständen als überdachte Markthalle genutzt wurde. Andererseits wirken hier die Skulpturen im Stil wie in ihrer Ausstrahlung ver-ändert: Stand am Westportal vielfach das überirdische Geschehen im Vordergrund, so wirken die Skulpturen am Nordportal lebens-näher, lebendiger und »greifbarer«. Thema des Nordportals ist der alte Bund beziehungsweise das Alte Testament: Die Menschheit harrt auf ihre Erlösung; sie wartet auf Christus als ihren Erlöser. Daher befinden sich die hier dargestellten Szenen – die Zeit von der Schöpfung bis zur Ankunft Jesu – auf der Nordseite, denn der Norden ist diejenige Himmelsrichtung, die im Dunkel liegt, zu der das Licht nicht vorgedrungen ist.

Mittleres Nordportal, Mitte und rechts: Pfeiler mit Anna und Maria auf dem Arm, daneben Jesaja, Jeremias, Simeon, Johannes der Täufer und Petrus

Die zentrale Statue am Mittelpfeiler des **mittleren Portals** ist die heilige Anna mit Maria auf dem Arm (siehe Foto S. 108). Wir fühlen uns hier an die Muttergöttin oder die Große Mutter erinnert, die in Chartres an diesem Ort schon in vorchristlicher Zeit von den Druiden verehrt wurde. Anna steht hier für das Mysterium des Weiblichen und verkörpert den Schoß der Vergangenheit, aus dem heraus sich das Leben Generation für Generation gebiert. Der Tympanon darüber greift ebenfalls das Thema der großen Mutter auf, diesmal mit Maria als Hauptperson: Sie sitzt als Himmelsgöttin zur Rechten

Gewändefiguren, mittleres Portal links: Melchisedek, Abraham mit Isaak, Moses, Samuel und David

von Christus, umgeben von zwei Engeln. Dies ist das Symbol der mystischen Hochzeit des Weiblichen mit dem Männlichen, der vollkommene Ausgleich der beiden Pole der diesseitigen Welt. Über den beiden Figuren ist in Form eines Baldachins das Neue Jerusalem abgebildet. Am Türsturz darunter ist der Tod Marias und ihre leibliche Aufnahme in den Himmel dargestellt.

Die Gewändefiguren sind Gestalten des Alten Testaments. Ganz links (siehe Foto oben) steht Melchisedek, der als König von Salem galt. Über Christus heißt es in der Bibel, er sei »ein Priester nach der Ordnung des Melchisedek« (Hebr. 6,20); dementsprechend ist er also einer derjenigen Priester, die Christus vorausgegangen sind. Melchisedek hält einen Kelch mit Wein in der Hand, der auch als Gral gedeutet wird. Rechts neben ihm steht Abraham mit seinem Sohn Isaak – eine bewegende Szene, in der die ganze Geschichte Abrahams in einem einzigen Bild verdichtet wird: Gott hat Abraham aufgefordert, seinen Sohn zu töten. Zärtlich hält er seine Hand um den Kopf des gefesselten Isaak, in der anderen Hand das Messer, mit dem er sein geliebtes Kind gegen seinen Willen töten muss. Doch im letzten Moment greift Gott ein und verhindert das Opfer, indem er einen Widder, dargestellt zu Füßen Abrahams, als Ersatz herbeibringt. In der Skulptur wird genau derjenige Augenblick dargestellt, in dem Gott, von oben eingreifend, Abraham an seinem Kindesopfer hindert – erkennbar an dem aufwärts gerichteten Blick Abrahams und Isaaks. Veranschaulicht wird damit, dass der Mensch bereit sein soll, für seine Weiterentwicklung sogar sein Liebstes im vollkommenen Vertrauen hinzugeben, um es aus der Hand Gottes in neuer Form wiederzuerhalten. – Rechts daneben befindet sich Moses, in der linken Hand die Gesetzestafeln und mit der rechten Hand auf einen Stab verweisend, um den eine Schlange gedreht ist, ähnlich dem Äskulapstab. Es folgt Samuel, der den neben ihm stehenden David zum König salbte.

Auf der rechten Seite des Mittelpfeilers (siehe Foto S. 108) sind frühe Künder des späteren Wirkens von Jesus zu sehen: zuerst Jesaja, der als Prophet den Messias voraussagte, neben ihm Je-

Die Erschaffung Adams durch Gott, Vorhalle des Nordportals

remias, der die Klagelieder über die babylonische Gefangenschaft Israels verfasste und ebenfalls den neuen Bund mit Christus prophezeite. In seiner Linken hält er das Sonnenkreuz, das aus einer Sonnenkugel besteht, hier als Fläche dargestellt, mit einem gleichschenkligen Kreuz. Der alte Simeon rechts neben Jeremias trägt das Jesuskind auf seinen Armen. Johannes der Täufer ist der Vorläufer von Christus, den er als Lamm Gottes bezeichnete, das er symbolisch in seinen Armen hält. Ganz rechts steht Petrus, der Fels, auf den Christus seine Kirche gebaut hat und der zu seinen Füßen erkennbar ist. Petrus trägt den Himmelsschlüssel und wird ebenfalls als Priester dargestellt, erkennbar an der typischen Brustplatte alttestamentlicher Hohepriester, die mit 12 Edelsteinen für die 12 Stämme Judas besetzt ist.

Die äußeren Archivolten der Vorhalle des Mittelportals erzählen auf großartige Weise in bewegenden Szenen die Schöpfungsgeschichte der Genesis. Sie beginnt im unteren Teil mit der Trennung von Himmel und Erde, von Licht und Finsternis und der Scheidung der Gewässer; sie schreitet fort mit der Erschaffung der Pflanzen, Tiere und Bäume und gipfelt schließlich in der Erschaffung Adams an der Spitze der Archivolten links, der genau auf der gegenüberliegenden Seite die Erschaffung Evas gegenübersteht. Gottvater wird äußerlich, wie im Mittelalter üblich, genauso wie Christus dargestellt, umgeben von einem Kreuznimbus.

Herausragend ist die Erschaffung Adams. Zuerst wird nur sein Kopf neben dem Gottes sichtbar: Gott »erdenkt« den Menschen, hat ihn aber noch nicht ins Leben gerufen. Dann wird gezeigt, wie Adam erschaffen wird (siehe Foto S. 110). Sein Kopf ruht auf dem Knie Gottes und wird liebevoll vom Schöpfer umfasst. Gottvater strahlt sinnende Weisheit, väterliche Güte und Liebe zu seinem Geschöpf aus. Adam hat die Augen geschlossen; er, der noch unerwachte Mensch, schmiegt sich an den Schoß Gottes, als ob er unschlüssig wäre, ob er aus der Geborgenheit Gottes in die Dunkelheit der Welt hinausgehen will. Auf der gegenüberliegenden Seite der Archivolten führt Gott die erschaffene Eva liebevoll an der rechten Hand, während er sie mit der anderen Hand segnet.

Das **linke Seitenportal** ist der Jungfrau Maria gewidmet. Im Türsturz wird im linken Teil Maria im Wochenbett gezeigt, darüber Jesus, der hier – zum dritten Mal – als Wickelkind, umgeben von Ochse und Esel, dargestellt ist. Rechts daneben ist die Verkündigung der Hirten zu sehen und darüber die Anbetung Jesu durch die drei Weisen, über ihnen der Stern von Bethlehem als achteckiges Gebilde. Bei den Gewändefiguren wird – ähnlich wie am Westportal – links wiederum die Verkündigung an Maria durch den Erzengel Gabriel dargestellt, auf der gegenüberliegenden rechten Seite die Begegnung Marias mit Elisabeth. In den Archivolten finden sich Darstellungen der törichten und der klugen Jungfrauen sowie der Tugenden und der Laster.

Rechtes Seitenportal:
Die Königin von Saba und
Salomo

Im **rechten Seitenportal**, das das Alte Testament thematisiert, wird im Tympanon das Leiden Hiobs gezeigt. Er liegt, umgeben von Freunden und seiner Frau, auf einem Haufen Schmutz und kratzt an seinen Geschwüren, während er vom Teufel ausgelacht wird. Hiob wurde schwer geprüft und überwand sein Leiden, indem er es annahm und sich der Weisheit Gottes unterordnete. Über ihm erscheint Christus mit zwei Engeln – als Zeichen dafür, dass Hiob den Christus in sich in seinem Bewusstsein hat lebendig werden lassen. Im Türsturz wird das Urteil Salomos gezeigt, und zwar genau jene Szene, durch die die »salomonische Weisheit« sprichwörtlich wurde: Salomo musste entscheiden, welche von zwei Frauen, die sich beide als Mütter ein und desselben Babys ausgaben, die rechte war. Salomo wollte das Kind entzweischneiden und beiden Frauen jeweils eine Hälfte geben. Die wahre Mutter gab sich dadurch zu erkennen, dass sie auf das Kind verzichtete, um sein Leben zu retten. Salomo erscheint außerdem als Gewändefigur auf der linken Seite neben Bileam und der Königin von Saba (siehe Foto links). Auf der gegenüberliegenden Seite sind Ezechiel, Sarah und Joseph, der Sohn Davids, dargestellt.

In den Archivolten der Vorhalle wird erneut der Kalenderzyklus mit allen Monaten und Sternzeichen abgebildet. An der Westseite der Vorhalle sind die Statuen des heiligen Potentians und der Modesta zu sehen, deren Geschichte bereits auf Seite 21 vorgestellt wurde. Trotz ihrer jugendlichen Erscheinung zeichnet sich Modestas Gesichtsausdruck durch Entschiedenheit und Klarheit aus.

■ Die Darstellungen des dreigegliederten Nordportals mit seinen großen Vorhallen beziehen sich auf die Zeit, bevor Christus als Welterlöser erschien, und zeigen überwiegend lebensnahe und bewegende Geschichten und Figuren aus dem Alten Testament von der Schöpfung bis zur Geburt Jesu. Zentral ist die heilige Anna am Mittelpfeiler des Mittelportals, die an die schon in vorchristlicher Zeit in Chartres verehrte Große Mutter erinnert.

Die Skulpturen des Südportals

Das Südportal ist dem Neuen Testament gewidmet mit Christus im Mittelpunkt. Im Süden steht die Sonne am höchsten, und symbolisch steht Christus für die Sonne und das Licht, das er der Menschheit gebracht hat. Das Südportal entstand ab 1210, die Vorhallen wahrscheinlich ab 1224.

Im **mittleren Portal** ist Christus als zentrale Pfeilerfigur mit segnender Geste dargestellt (siehe Foto rechts). Zu seinen Füßen ist die Wouivre zu sehen, die entsprechend dem 91. Psalm auch als Löwe und Drache gedeutet werden kann: »Über Löwen und Drachen wirst du gehen, und junge Löwen niedertreten«, so heißt es dort. Die Gewändefiguren rechts und links von Christus sind die 12 Apostel (siehe Fotos S. 114), die in ihren Händen meist die Waffen tragen, mit denen sie getötet wurden: Schwerter oder Messer. In der frühchristlichen Kirchenliteratur wie auch in einigen klassischen Werken, die in der Schule von Chartres gelesen wurden, hieß es, dass die 12 Apostel, wenn sie vereinigt sind wie die 12 Monate, das »vollkommene Jahr« – also das platonische Jahr – darstellen: Tag,

Südportal, Mitte: links: Simon, Thomas, Philippus, Andreas und Petrus. Rechts: Paulus, Johannes, Jakobus der Ältere, Jakobus der Jüngere und Bartholomäus

Sonne und platonisches Jahr wurden mit Christus gleichgesetzt, die Stunden und Monate mit den Aposteln. Hier wird also eine Verbindung zur Zeit hergestellt, die durch die Südlage des Portals noch unterstrichen wird.

Im Tympanon wird das Jüngste Gericht dargestellt. Es trägt aber keine bedrohlichen Züge: Christus erscheint nicht als Weltenrichter, sondern erhebt seine Hände in einer Geste, die sowohl eine Segnung wie auch das Zeigen seiner Wundmale ausdrücken kann. Zu seiner Linken und Rechten sitzen Maria und der Apostel Johannes, die als letzte Getreue unter dem Kreuz standen und von Jesus einander anempfohlen wurden. Im Hinblick auf Johannes besteht eine besondere Beziehung zur Reliquie von Chartres: Der Schrein, in dem das Gewand der Jungfrau aufbewahrt wurde, enthielt auch eine Handschrift des Johannes-Evangeliums.

Bemerkenswert ist, dass Christus hier nicht, wie sonst häufig bei Darstellungen in anderen Kathedralen, als Gekreuzigter erscheint, sondern sitzend als Menschensohn. Das Kreuz über ihm, von dem nur noch der Längsbalken erhalten ist, wird von zwei Engeln, die ursprünglich den Querbalken getragen haben, teilweise mit Tüchern verhüllt. Hier zeigt sich erneut, wie sehr man sich in Chartres als der Kathedrale der Wiedergeburt des Menschen zurückgehalten hat mit der Darstellung des Kreuzes als Leiden Christi.

Im Türsturz unterhalb von Christus befindet sich der Erzengel Michael mit der Seelenwaage. Er galt schon in der frühchristlichen Literatur als Geleiter der Seelen und wurde damit als Erbe Merkurs und Hermes' angesehen. Links von Michael werden die Seligen – nackt dargestellt als Zeichen für ihre Unschuld – von Engeln geleitet; rechts werden die Verdammten, unter ihnen eine Adlige, eine Nonne und ein Geizhals, von Teufeln abgeführt.

Darüber befindet sich in den Archivolten die Darstellung der Engelhierarchie der neun Engelchöre (siehe Foto S. 116), die der Beschreibung von Dionysius folgt. Dieser soll von Clemens I. als Missionar nach Gallien geschickt worden sein und auch in Chartres die erste Kirche gegründet haben. Er war der erste Bischof von Paris und wurde dort enthauptet. Über seinem Grab entstand das Kloster Saint-Denis, dessen Kirche durch das Wirken Abt Sugers

Seelengericht: Die Guten werden von Engeln, die Bösen von Teufeln geleitet.

Archivolten mittleres Portal: Ausschnitt aus der Engelhierarchie

zur ersten gotischen Kathedrale Frankreichs wurde. Dionysius ist der Verfasser des Werkes *Über die himmlische Hierarchie,* auf das die Darstellung in den Archivolten zurückgeht und das sich merkwürdig liest: Die höchst präzise und detaillierte Beschreibung der Engelchöre lässt darauf schließen, dass der Verfasser sie selbst erschaut hat. Die Gliederung des Werkes und die Angabe der Engelzahl (drei mal drei) sowie die prägnanten Beschreibungen jeder Hierarchiestufe verleihen dem Werk eine strenge Klarheit. Nach Dionysius gehen aus Gott als der Quelle schöpferischen Lichts die Seinsstufen bzw. die Hierarchie der Engel (»Hierarchie« = »göttliche Herrschaft«) hervor. Die erste Triade umfasst die Seraphim, die Cherubim und die Throne, die in den unteren Archivolten dargestellt sind und als höchste Wesenheiten Jesus und Gott am nächsten stehen. Die Seraphim tragen in beiden Händen Flammen, und Dionysius nennt sie ebenfalls »Entflammer«; er spricht von ihrem immer während Bewegtsein um das Göttliche, von ihrer Glut, mit der sie das Göttliche umkreisen.

Die Cherubim auf der linken Seite der Seraphim haben in ihrer Hand eine Kugel als Symbol für die Kraft des Erkennens und der Weisheit. Sie stehen für die höchste Erkenntniskraft und vollendete Mitteilungsfähigkeit. Die Throne (in der zweiten Archivolte links) sitzen auf Thronen und stehen symbolisch für die höchste Willenskraft.

Die zweite Triade umfasst Wesen, die schon etwas weiter vom Göttlichen entfernt sind. Es sind dies die Kyriotetes (Herrschaften), die Dynameis (Mächte/Kräfte) und die Exusiai (Gewalten). Sie befinden sich auf der rechten Seite in der zweiten, dritten und vierten Archivolte. Die Herrschaften tragen Kronen und Zepter, weil sie die Ausführer höchster Befehle sind. Die Mächte stehen für die Tugenden, und die Gewalten, die Schwerter tragen, sind die Geister der Form.

Auf der untersten Stufe schließlich sind die Archai (Fürstentümer), die Archangeloi (Erzengel) und die Angeloi (Engel), die auf der linken Seite der dritten, vierten und fünften Archivolte zu sehen sind. Die Fürstentümer halten jeweils ein Zepter in der Hand, die Erzengel ein Buch. Die Fürstentümer sind Schutzengel für ganze Länder, und die »einfachen« Engel haben die Aufgabe, zwischen den Menschen und den höheren Sphären zu vermitteln.

Gegenüber der ursprünglichen Hierarchie von Dionysius wurden in Chartres zwei Engelchöre in ihrer Reihenfolge gegeneinander vertauscht, und zwar die Mächte und die Fürstentümer. Diese Veränderung geht auf Papst Gregor den Großen zurück. In seiner *Himmlischen Hierarchie* schildert Dionysius, wie das Licht, das um die Seraphim am hellsten leuchtet, sich zur untersten Engelhierarchie hin aufgrund der wachsenden Distanz zu Gott immer weiter verdunkelt.

Das **linke Seitenportal** ist den Märtyrern gewidmet. Im Tympanon ist Christus mit zwei Engeln dargestellt, im Türsturz die

Geschichte des Märtyrers Stephanus. Die Archivolten sind mit zahlreichen Märtyrern versehen, und auch die Gewändefiguren sind Märtyrer (siehe Foto unten). Auf der rechten Seite sind Vincentius, Dionysius, St. Piat oder Rusticus und Georg dargestellt.

Das **rechte Seitenportal** ist das Portal der sogenannten Bekenner, die durch ihren Lebenswandel zu Vorbildern der christlichen Kirche wurden. Tympanon und Türsturz teilen sich der heilige Martin (links) und der heilige Nikolaus (rechts), die in typischen Szenen aus ihrem Leben dargestellt werden. Die berühmte Mantelteilung Martins, des späteren Bischofs von Tours, der sich um die Christianisierung der keltischen Bevölkerung Frankreichs bemühte, fand in Amiens statt. Nikolaus, Bischof von Myra in Kleinasien, half drei Töchtern eines verarmten Edelmanns, indem er nachts heimlich einen Geldbeutel durchs Fenster warf. Über Martin und Nikolaus sitzt oben Christus. Auch die Gewändefiguren stellen Bekenner dar.

Linkes Seitenportal, rechte Gewände: Vincentius, Dionysius, Rusticus (oder St. Piat), Georg

Rechtes Seitenportal, Gewände links: Laumer, Silvester, Ambrosius und Nikolaus. Gewände rechts: Martin, Hieronymus, Gregor der Große und Avitus

In den Archivolten werden – analog zur himmlischen Hierarchie des rechten Seitenportals – Gestalten der kirchlichen Hierarchie, wie Erzbischöfe, Päpste, Bischöfe, Äbte, Priester, Kaiser und Kleriker, dargestellt. Dieses Portal ist für die Menschen des Mittelalters das »lebensnahe« Portal beliebter Heiliger, Zunftpatrone und Nothelfer, die jeder kannte und gerne anrief.

■ Das Südportal ist dem Neuen Testament gewidmet. Im Mittelpunkt stehen Christus und biblische sowie historisch bedeutsame Gestalten wie Märtyrer und Bekenner, die an der Entwicklung der christlichen Kirche einen Anteil hatten. Im Jüngsten Gericht erscheint Christus weder als Richter noch als Gekreuzigter, sondern als milder, lebensnaher Herrscher.

*»Der Innenraum führt uns mit seinem vielfarbigen Fenster-
glas in das bewegende Spektrum unseres eigenen seelischen
Reichtums. In der Ikonographie sowohl der Skulpturen
als auch der Fenster wirkten die Lehrer von Chartres wie
Musikkomponisten, indem sie Thema mit Thema verwoben
in einer komplizierten Orchestrierung und so die Mysterien
des Lebens auf Erden enthüllten.«* (QUERIDO, S. 55)

*»Nichts ist drinnen, nichts ist draußen,
denn was innen, das ist außen.«*
(J. W. VON GOETHE)

4. Das Innere der Kathedrale

Nach der äußeren Betrachtung der Portalskulpturen als phy-
sischer, lebensnaher Objekte begeben wir uns nun in das Innere
der Kathedrale. Dunkel umfängt uns. Nur einen kleinen Ausschnitt des gewaltigen Kirchenschiffs nehmen wir auf den ersten
Blick wahr: das Mittelschiff bis zum Hochaltar des Chors. Den
Blicken verborgen bleiben zunächst die meisten Glasfenster, die
seitlichen Längsschiffe, das Labyrinth, das Querschiff mit den
Portalen und der Chorumgang. Das Auge des Besuchers wird geradlinig nach vorne in den Chor und zu seinen Fenstern gelenkt.

So, wie das Dunkel der materiellen Welt nur durch das Licht des
Geistes erhellt wird, so wird das Innere der Kathedrale beinahe
nur durch das farbige Licht der Glasfenster erhellt. Doch dieses
Licht erscheint viel weniger greifbar und sinnlich als die lebendigen Gestalten an den Portalen, die fast auf Augenhöhe zu uns
sprachen. Wir befinden uns nun in der Innenwelt.

Wandaufbau und Pfeiler

Beim langsamen Durchschreiten des Mittelschiffs bemerken wir, wie die Lichtintensität leicht spürbar zu- und wieder abnimmt. Dies ergibt sich daraus, dass die Pfeiler des Mittelschiffs je nach Standort unterschiedliche Flächen der Fenster in den Seitenschiffen verdecken. Weder die kleinen Fensterrosen in den Obergaden, noch die Fenster in den Arkaden sind vom Mittelschiff aus jemals vollständig sichtbar. Der Wandaufbau hat die für die Gotik typische Dreiteilung von Arkaden, Triforium und Obergaden. In jedem Joch befinden sich in der Arkadenzone (Erdgeschoss) jeweils ein Lanzettfenster, darüber im Triforium vier Rundbögen in Form von sogenannten Blendarkaden – »Blendung« daher, weil der optische Eindruck, es befände sich dahinter ein Laufgang, täuscht – und darüber im Obergaden (Hochschiff) zwei Lanzettfenster mit einer kleinen Fensterrose.

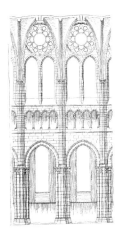

Wandaufbau des Chartreser Kirchenschiffs: 2 Joche mit Obergaden (oben), Triforium (Mitte) und Arkaden (unten)

Der Wandaufbau in Chartres variiert musikalisch die Oktave und schafft so ein harmonisches Verhältnis:

- 1 : 2 – eine kleine Fensterrose zu zwei Lanzettfenstern im Obergaden; ein Lanzettfenster im Erdgeschoss zu zwei Lanzettfenstern im Obergaden
- 2 : 4 – zwei Lanzettfenster im Obergaden zu vier Rundbögen im Triforium
- 1 : 4 (Doppeloktave) – ein Lanzettfenster im Erdgeschoss zu vier Rundbögen im Triforium

Neuere Untersuchungen führten zu dem Ergebnis, dass die Wandflächen in früheren Zeiten bemalt waren, und zwar ockerfarbig, also etwa in demjenigen Farbton, in dem heute die Außenfassade der Kathedrale bei Nacht angestrahlt wird. Die Farbe mag dem Innenraum einen warmen, angenehmen Grundton verliehen haben. Dabei waren die schlankeren Pfeiler in leuchtendem Weiß gestrichen.

Schreiten wir weiter im Mittelschiff entlang, so vermittelt sich uns ein Gefühl von Leichtigkeit und rhythmischer Gliederung, ohne dass wir die Last der großen Mengen an Stein, die hier verbaut wurden, spüren. Dazu tragen im unteren Bereich vor allem die sogenannten kantonierten Pfeiler bei, die die beiden Seiten des Mittelschiffs säumen. Sie sind anders als in vielen Kathedralen gestaltet. Die Kerne der Pfeiler tragen das Mittelschiff, und die vier schlankeren Säulchen, die sie umgeben – die sogenannten Dienste – sind tragende Elemente verschiedener Gewölbebogen des Mittel- wie auch des Seitenschiffs. Die kantonierten Pfeiler sind in vielen anderen Kirchen einheitlich gestaltet und vermitteln daher im Innenraum ein Gefühl von Monotonie. Nicht jedoch in Chartres. Schauen wir genau hin, so sehen wir, dass sich runde und eckige Pfeilerkerne abwechseln, wobei die runden Pfeilerkerne jeweils von achteckigen Diensten und die ackteckigen Pfeilerkerne von runden Diensten umgeben sind.

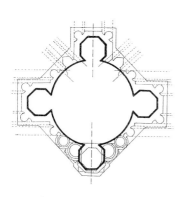

Einer der beiden Typen kantonierter Pfeiler im Grundriss: runder Pfeilerkern mit oktogonalen Diensten

Diese gestalterische Abwechslung der Pfeiler belebt spürbar den Innenraum in der unteren Zone des Mittelschiffs und bewirkt ein dynamisches Formgefühl. Beim Durchschreiten des Mittelschiffs scheint sich der Raum leicht zusammenzuziehen und wieder zu öffnen – beinahe könnte man hier von »Atmen« sprechen. Dieser Rhythmus der kantonierten Pfeiler wird auch an der Außenfassade, im Bereich der Strebebogen – für den Besucher weitgehend unsichtbar – fortgesetzt: Auch dort alternieren im Strebewerk runde und achteckige Säulchen.

Gänzlich anders sind die Vierungspfeiler gestaltet, die größer und gleichförmiger als die kantonierten Pfeiler sind und damit die Vierung als das »Herzstück« der Kathedrale optisch vom übrigen Raum trennen (siehe Foto S. 104). Die monumentalen Vierungspfeiler bündeln an jeder Seite sieben Dienste, also insgesamt 28 Dienste pro Pfeiler. Dies steigert die Bedeutung der Vierung, die dadurch wie ein mitten im Raume stehender Baldachin wirkt.

■ Der Wandaufbau folgt durch die Anordnung der Fenster und Arkaden dem Prinzip der Oktave. Die kantonierten Pfeiler verleihen dem Innenraum durch ihre alternierende Gestaltung Dynamik und Rhythmus, indem runde Pfeilerkerne von eckigen Diensten und eckige Pfeilerkerne von runden Diensten umgeben sind.

Das Labyrinth

Das Labyrinth gehört zu den faszinierendsten Details im Inneren der Kathedrale und zieht viele Besucher an – die es jedoch häufig zuerst einmal übersehen. Sie laufen darüber, ohne es zu bemerken. Dadurch, dass es heute weitgehend mit Stuhlreihen zugestellt ist, bleibt es auf den ersten Blick unsichtbar, weil nur sein Innerstes im Mittelgang frei ist; das Innere liegt genau auf der Höhe des vierten kantonierten Pfeilers im Mittelschiff hinter dem Westportal. Wo heute der Eingang zum Labyrinth liegt, endete wahrscheinlich im 11. Jahrhundert die Fulbert-Basilika. Das Labyrinth ist darum so faszinierend, weil das Abschreiten seines Weges die Aktivität ins Spiel bringt: Der Besucher ist hier nicht nur passiver Betrachter, sondern kann es durch eigenes Tun erfahren und erleben. Da heute immer mehr Besucher der Kathedrale diesen Wunsch haben, wird es jetzt meist freitags von den Stuhlreihen befreit, so dass die Gelegenheit zum Abschreiten besteht.

Das Wort »Labyrinth« ist eigentlich nicht zutreffend, denn es gibt nur einen einzigen verschlungenen Pfad, der ins Innerste führt; Sackgassen oder Irrwege, in denen man sich verlaufen und das Ziel verfehlen könnte, existieren nicht. Das Labyrinth ist ein uralter Archetyp des menschlichen Seelenweges, der in vielen vorchristlichen Kulturen bis in die Zeit des alten Ägyptens zurückverfolgt werden kann. Bekannt ist das Labyrinth von Kreta, das in einfacherer Form der Struktur des Chartreser Labyrinths ähnelt. Der griechischen Sage nach hauste im Innersten des Labyrinths von Kreta der Minotaurus, ein stierköpfiges Ungeheuer, dem alle neun Jahre sieben Jünglinge und Jungfrauen geopfert werden mussten, bis es Theseus gelang, ihn zu töten. Damit sich Theseus im Labyrinth nicht verirrte, hatte ihm seine Geliebte Ariadne einen Faden mitgegeben, den er den ganzen Weg lang abspulte, so dass er mühelos ins Zentrum und auch wieder hinaus fand. Theseus ist gewissermaßen der vorchristliche Sankt Georg; ebenso tritt der Erzengel Michael mit seinem Schwert als Drachentöter auf.

In der Sage vom Minotaurus wird allegorisch der Weg des Menschen zu sich selbst dargestellt: Das Bewusstsein, in der Mythologie durch Theseus verkörpert, kann nur mit Hilfe des Unbewussten, durch Ariadne, den Weg ins Seeleninnere finden. Dazu braucht es als Hilfe den Ariadnefaden, um sich nicht im Verstandesdenken zu verirren. Im Seeleninneren scheint sich ein Ungeheuer zu verbergen, das den unerlösten Seelenanteilen und den gebundenen Energien der unerledigten emotionalen Konflikte entspricht. Dieses Ungeheuer zieht dem Menschen Energien ab, symbolisiert durch das Fressen von Jünglingen und Jungfrauen. Ist das Monster besiegt – erreicht der Mensch das Zentrum des Labyrinths –, so wird er frei und im übertragenen Sinne wiedergeboren: Er gewinnt an Energie und Lebenskraft, weil er die männlichen Anteile (Jünglinge) und die weiblichen (Jungfrauen) harmonisch in sich integriert hat. Das Thema des »ungeheuerlichen« Verstandesdenkens, das sich leicht in seinen eigenen Windungen verirrt, wird auch an anderer Stelle an der Kathedrale von Chartres thematisiert, und zwar in Verbindung mit der spinnenden Sau (siehe S. 88) wie auch mit der Dialektik, deren Haarschopf ein Drache ist (siehe S. 95).

Im Inneren des Labyrinths von Chartres soll sich in früherer Zeit eine Kupferplatte mit der Abbildung von Theseus und dem Minotaurus befunden haben. Die Kupferplatte wurde während der Französischen Revolution eingeschmolzen und zum Kanonenbau verwendet. Lediglich die Bolzen, mit denen die Platte auf dem Stein befestigt war, sind bis heute übrig geblieben.

Nachdem es im 11. Jahrhundert schon in italienischen Kirchen kleinere, aber nicht begehbare Labyrinthe gegeben hatte, tauchten sie in größerer Form in Frankreich ab dem 12. Jahrhundert verstärkt auf. Labyrinthe waren Bestandteil der Architektur der Zisterzienser, die über Bernhard von Clairvaux auf Chartres Einfluss nahmen. Eines der ersten Labyrinthe, das in Lage, Struktur und Dimension dem Chartreser glich, war das heute nicht mehr vorhandene in der Kathedrale von Sens, dem Sitz des Chartres übergeordneten Erzbischofs. Das Chartreser Labyrinth entstand 1210, und ihm folgten weitere in den gotischen Kathedralen von Auxerre, Amiens und Reims. Die meisten Labyrinthe wurden im 17. oder 18. Jahrhundert absichtlich zerstört, so auch das von Amiens, das aber glücklicherweise 1894 rekonstruiert wurde und heute wieder an seinem alten Platz zu sehen ist. Das Labyrinth von Amiens ist anders als das Chartreser oktogonal geformt, und in seinen Randbereichen sind die Namen der Baumeister der Kathedrale eingraviert. Dementsprechend vermutete man lange Zeit, dass sich auch im Inneren des Chartreser Labyrinths die Namen der Baumeister befunden hätten, was jedoch unwahrscheinlich ist, da es erst entstand, als die Kathedrale schon weitgehend fertiggestellt war.

Der Ursprung der Labyrinthe in mittelalterlichen Kirchen liegt nicht in der Architektur, sondern in der Literatur. Die ältesten Handschriften mit Labyrinthdarstellungen stammen aus dem 9. Jahrhundert. Erstmalig ausgereift findet man die Form des Chartreser Labyrinths auf einem Deckblatt einer Handschrift aus dem 10. Jahrhundert des Pariser Klosters Saint-Germain-des-Prés. In dieser Schrift wie auch in anderen französischen Handschriften tauchen bildliche Darstellungen des Minotaurus im Inneren auf. Viele der mittelalterlichen Labyrinthzeichnungen erscheinen in sogenannten »komputistischen« Handschriften, die der astronomischen Berechnung der Zeit und insbesondere des beweglichen Ostertermins dienten. (Wie bereits erläutert, lag die Hoheit über die Zeitrechnung im Mittelalter bei der katholischen Kirche, siehe dazu S. 50.) Ostern ist am Sonntag nach dem ersten Frühlingsvollmond; um den Termin zu berechnen, muss man sowohl den Sonnenkalender (Frühlings-Tagundnachtgleiche am 21. März) als auch den Mondkalender (mit den Phasen Zunahme, Vollmond, Halbmond, Abnahme und Neumond) kennen und beide aufeinander abstimmen können.

Traditionell wurden Kirchenlabyrinthe wie dasjenige in Chartres eng mit dem Ostergeschehen in Verbindung gebracht. Im Mittelalter wurden darin rituelle Spiele aufgeführt (siehe Abb. rechts), wobei ein Ball eine besondere Bedeutung hatte. Während Kleriker im Inneren des Labyrinths, begleitet von der Orgel, ein Osterlied sangen und sich im rhythmischen Dreierschritt bewegten, tanzte außen das Volk einen Reigen um das Labyrinth herum. Der Ball wurde zwischen den Klerikern und den Teilnehmern des Reigens hin- und hergeworfen. Der wandernde Ball mag entweder ein Symbol des Ariadneknäuels oder der Sonne gewesen sein. Die für heutige kirchliche Rituale ungewöhnliche Verbindung von Musik, Tanz, Rhythmus und Bewegung war in früheren Zeiten nichts Aufsehen Erregendes. Sie erlaubte es den Menschen, durch eige-

Inneres der Kathedrale um 1750, Stich von J.B. Rigaud;
im Vordergrund Labyrinthspiele, im Hintergrund der heute zerstörte
Lettner (Chorschranke)

nes Tun auf zwanglose Weise die kosmischen Gesetzmäßigkeiten und Kräfte zu erfassen und in sich lebendig werden zu lassen.

In welcher Weise das Labyrinth genau für Kalenderberechnungen verwendet wurde, lässt sich heute nur noch bruchstückhaft rekonstruieren, indem wir uns seine Maße und Einteilungen anschauen. Das Labyrinth ist umgeben von einer Zackenbordüre, wobei jeder Quadrant 28 Zacken hat. Nach dem siderischen Mondkalender hat der Mondmonat 27,32 Tage, nach dem synodischen 29,53 Tage. Die hier verwendete 28 scheint eine Art »runden« Mittelwert darzustellen. Das Mondjahr hat 13 Monate à 27,3 Tage (= 354,9 Tage) oder 12 Monate à 29,53 Tage (= 354,36 Tage).

In den vier Quadranten des Labyrinths wird also ein lunares Vierteljahr nach dem siderischen Kalender abgebildet. Insgesamt hat das Labyrinth außen aber nicht 112 Zacken (= 28 x 4), sondern 113. Genaugenommen sind es sogar 114 Zacken, doch wurde die 114. für den Eingang im unteren Bereich ausgespart. Dividiert man 355, die aufgerundete Anzahl der Tage des Mondjahres, durch 113, so erhält man exakt die Kreiszahl $\pi = 3{,}14159$, die das Verhältnis zwischen Umfang und Durchmesser eines Kreises bestimmt. Möglicherweise ist dies der Grund dafür, dass dem Labyrinth die Form eines Kreises gegeben wurde.

Multipliziert man 28 mit 13, so ergibt dies 364 – also bis auf einen Tag genau die Anzahl der Tage des Sonnenkalenders, wobei der fehlende 365. Tag durch die ausgesparte Zacke angedeutet ist. Teilt man 114 durch die 6 »Blütenblätter«, die im Inneren sichtbar sind, so erhält man die Zahl 19. Sie entspricht nach dem metonischen Zyklus der Anzahl der Jahre, nach denen die Mondphasen wieder zu denselben Tagen im Jahr zurückkehren.

Das Labyrinth scheint außer zum Mondkalender auch einen Bezug zu unserem Sonnensystem zu haben, wie man es sich im Mittelalter vorstellte: Es enthält 12 konzentrische Kreise, wenn man den innersten Kreis mitrechnet. Nach Makrobius, einem mittelalterlichen neoplatonischen Schriftsteller, der das Wissen der klassischen Antike in enzyklopädischer Form festhielt und wahrscheinlich in der Kathedralschule von Chartres bekannt war, stehen diese 12 Kreise von innen nach außen für folgende Planeten und kosmischen Gegebenheiten: Erde – Mond – Sonne – Merkur – Venus – Mars – Jupiter – Saturn – die 12 Tierkreiszeichen – die Weltseele – der Geist – Gott als das Eine. Von den drei Letzteren nahm man an, dass sie das Sonnensystem mit den damals bekannten sieben Planeten äußerlich umgaben. Es sind sicherlich noch viele weitere Zusammenhänge der Zeitrechnung im Labyrinth verschlüsselt, die heute jedoch in Vergessenheit geraten sind. So ist beispielsweise auch eine Beziehung zur Westrose anzunehmen, denn hochgeklappt in die dritte Dimension ist das Labyrinth ja in Lage und Größe deckungsgleich mit dieser (siehe dazu S. 61 ff.). In der Westrose mit Christus in der Mitte, der die Sonne versinnbildlicht, dominiert klar die Zahl 12 und damit der Sonnenkalender. Möglicherweise ergeben erst Westrose und Labyrinth gemeinsam Hinweise auf die genaue Kalenderberechnung.

Natürlich wurde den Zahlen neben ihrer arithmetischen Aufgabe zur Berechnung des Kalenders auch eine symbolische Bedeutung beigemessen (siehe dazu S. 71 f.). So ist die 13 die Überhöhung der kosmischen Fülle der 12; sie steht für Christus plus die 12 Apostel. Das Labyrinth hat 33 Windungen, wobei die 34. ins Innerste führt; analog dazu starb Jesus im 34. Lebensjahr. Die Wirkungszeit von Jesus wird mit 1183 Tagen angeben, eine Zahl, deren Quersumme 13 beträgt.

Das Labyrinth hat einen Längsdurchmesser von 12,30 Metern sowie einen Querdurchmesser von 12,455 Meter ohne und 13,015 Meter mit Zackenbordüre. Der innerste Kreis hat zusammen mit den sechs Blütenblättern einen Durchmesser von 2,942 Meter, alle übrigen Kreise ohne Bordüre jeweils rechts und links von der Mitte 4,756 Meter. Die Gesamtlänge des Weges beträgt 294 Meter, gemessen an den schwarzen Außenkanten der konzentrischen Kreise, und 261,5 Meter, gemessen in der Mitte des weißen Weges. In diesen Maßen ist wiederum vielfach der goldene Schnitt (φ = 1,618) verschlüsselt:

- 4,756 : 2,942 = 1,6165 = φ
- 12,455 : 4,756 = 2,618 = φ^2
- 261,5 : φ = 161,615 = φ x 100
- 294 : 4,756 = 61,81 = 0,618 x 100 = 1/φ x 100

Doch viel interessanter als alle Zahlen und Berechnungen ist es, das Labyrinth selbst abzuschreiten. Diese Erfahrung sollte jeder Chartres-Besucher wenigstens einmal für sich machen. Wer am Startpunkt losgeht, stellt bereits nach der 3. Wendung fest, dass er dem inneren Kreis direkt vor dem Zentrum ganz nah gekommen ist, doch nur scheinbar sein Ziel erreicht hat. Mit jeder Wendung entfernt man sich nun weiter vom Innersten; erst nach der 11. Wendung scheint man wiederum beinahe das Zentrum erreicht zu haben, um sich sogleich wieder zu entfernen. Zwischendurch verliert man zuweilen die Orientierung und den Überblick, wo man sich überhaupt befindet und wie lange der Weg noch dauert. Erst nach 3 x 11 = 33 Wendungen taucht überraschend das Ziel vor Augen auf, obwohl man eher den Eindruck hat, dass man noch weit davon entfernt ist, weil man sich kurz zuvor noch auf einem der äußeren Kreise befunden hat. Im Labyrinth lassen sich viele Parallelen zum eigenen Lebensweg mit seinen Irrungen und Wirrungen, seinen Unsicherheiten und Fehleinschätzungen, erkennen. Wer durchhält und beharrlich weitergeht, wird sein Ziel erreichen. Im rhythmischen Hin und Her des Labyrinthweges sind in der Anordnung der Wendungen in den Quadranten und der konzentrischen Kreise mehr Regelmäßigkeiten verborgen, als man beim Durchschreiten wahrnimmt – ganz so, wie der Mensch in seinem Leben häufig nicht bemerkt, dass die von ihm als Zufall gedeuteten Ereignisse kosmischen Gesetzmäßigkeiten unterliegen.

■ Das Labyrinth in Chartres ist eines von vielen, die im 13. Jahrhundert in gotischen Kirchen Frankreichs in den Kirchenfußboden eingefügt wurden. Es diente als Mondkalender, inbesondere zur jährlichen Berechnung des Ostertermins. Im Mittelalter wurde es – als Ersatz für eine Pilgerfahrt nach Jerusalem – von den Pilgern als Teil ihres Bußweges auf Knien abgeschritten, und zu Ostern wurden darin rituelle Spiele mit Tanz, Musik, Gesang und Bewegung aufgeführt. Das Labyrinth ist Symbol des menschlichen Seelenweges.

Die Chorschranke und Notre-Dame-du-Pilier

Die steinerne Schranke zwischen den Säulen um den Chor wurde zwischen 1514 und 1530 vom Architekten Jehan de Beauce errichtet (siehe S. 50). Sie sollte den Chorherren zu mehr Abgeschiedenheit von den Besuchern und Pilgern der Kathedrale verhelfen. Ursprünglich war der Chor nur durch Tücher oder Teppiche zwischen den Pfeilern vom übrigen Kirchenschiff getrennt. Die Reliefs der Chorschranke wurden in mehreren Etappen zwischen 1519 und 1714 von verschiedenen Künstlern geschaffen.

Die Skulpturen haben einen ganz anderen Stil und Charakter als diejenigen an den drei Portalen. Sie weisen Züge von der Spätgotik bis zur Renaissance auf. Obwohl sehr kunstvoll gestaltet und in der Zierlichkeit der Formgebung eher an Goldschmiede- als an Steinmetzarbeiten erinnernd, fühlt man doch, dass der ursprüngliche Chartreser Impuls in ihnen verblasst ist – ebenso wie im 16. Jahrhundert auch das bildhaft-allegorische Denken zugunsten des begrifflich-abstrakten Verstandesdenkens schon weitgehend verblasst war. Es findet sich in den Reliefs der Chorschranke nicht mehr die konzentrierte und klare symbolische Aussagekraft, wie sie die Figuren der Portale auszeichnet, sondern mehr eine Ver-

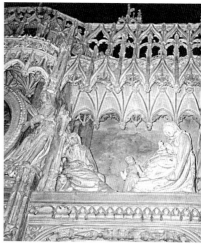

Auszug aus der Chorschranke: links die Reste einer Uhr, rechts der
Traum Josephs, der ihm das Mysterium der Menschwerdung Christi
ankündigt, und Maria als Schwangere, nähend

spieltheit und ein Detailreichtum, der den Blick auf das Wesentliche zuweilen zu verstellen scheint.

40 Szenen schildern in der Chorschranke das Leben der Jungfrau Maria bis zu ihrem Tod und ihrer Krönung im Himmel sowie
das Leben Jesu von der Geburt bis zur Himmelfahrt. Außerdem
befindet sich noch das Zifferblatt einer Uhr in der Chorschranke,
die früher Stunden und Wochentage, Mondphasen und Sonnenlauf anzeigte, aber in der Französischen Revolution weitgehend
zerstört wurde.

Das heutige Zentrum der katholischen Frömmigkeit befindet
sich im ersten Joch des Chorumgangs neben der Sakristei auf der
nördlichen Seite (vom Königsportal aus gesehen links), wo eine
Figur der *Notre-Dame-du-Pilier* (»Unsere liebe Frau vom Pfeiler«)
in einer Nische aufgestellt und mit Kronen und Gewändern geschmückt ist. Die heutige Statue stammt aus dem 16. Jahrhundert
und ersetzt die ursprüngliche aus dem 13. Jahrhundert, die ihren

Platz am Hauptaltar hatte, wo seinerzeit auch der Reliquienschrein stand. *Notre-Dame-du-Pilier* ist die zweite schwarze Madonna neben der Birnbaumstatue in der Krypta (siehe Foto S. 18).

Notre-Dame-du-Pilier

■ Die Chorschranke, deren Figuren vom 16. bis zum 18. Jahrhundert geschaffen wurden, träge Züge der Spätgotik und Renaissance. Sie zeigt 40 Szenen aus dem Leben von Maria und von Jesus. Notre-Dame-du-Pilier im Chorumgang ist neben Notre-Dame-de-Sousterre eine weitere schwarze Madonna, die auf das zentrale Thema der Wiedergeburt des Menschen verweist.

Die Glasfenster

Der Innenraum von Chartres vermittelt den ursprünglichsten Eindruck, den eine gotische Kathedrale geben kann, weil hier mehr Originalfenster des Mittelalters erhalten sind als in den weitaus meist gotischen Kirchen. Von über 180 Fenstern sind heute noch über 150 mit einer Gesamtfläche von über 2000 Quadratmetern vorhanden. Erst die durch die Glasfenster entstehende Farbsymphonie des Innenraumes lässt Chartres im Einklang mit der Architektur zu einer vollkommenen Ganzheit werden, so dass man die Fenster auch als die »Seele der Kathedrale« bezeichnen könnte.

Die Herstellung von Glasfenstern erreichte in der Gotik ihren Höhepunkt. Das Glas wurde produziert, indem man einen Teil Quarzsand mit zwei Teilen Pottasche (aus Farnkraut und Buchenholz) zum Schmelzen brachte, und zwar bei extrem hohen Temperaturen von mehr als 1500 Grad Celsius. Die Färbung erhielt das Glas durch verschiedene Metalloxyde, die beigemischt wurden: Mangan für Grün und Purpur, Eisen für Gelb, Kupfer für Rot und Kobalt für Blau. Farbliche Zwischentöne erreichte man durch Variationen der Menge und Schmelzdauer. Im Gegensatz zur Glaskunst späterer Jahrhunderte, in denen Bilder und Farben großflächig auf farblose Glasscheiben aufgemalt wurden, ging man im Mittelalter anders vor: Das bereits gefärbte Glas wurde mit glühendem Eisen entlang den vorher in Originalgröße auf Holz vorgezeichneten Bildformen ausgeschnitten und mit Bleiruten zusammengefügt. So folgt der Verlauf der Bleiruten exakt den Bildelementen. Lediglich Einzelheiten wie Gesichtszüge wurden auf die farbigen Bildfragmente aufgemalt und ins Glas eingeschmolzen. Die Herstellung des Glases wurde im 12. Jahrhundert vom Mönch Theophilus Presbyter in seinem Werk *De Diversis Artibus* (*Über verschiedene Künste und Handwerkstechniken*) eingehend beschrieben:

»*Wenn du aber einfache Fenster gestalten willst, trage zunächst das Maß von Länge und Breite auf die Holztafel, dann zeichne Rankenwerk oder anderes, was du gern möchtest, verteile die Farben, die du einsetzen möchtest. Zertrenne das Glas, und passe es mit dem Kröseleisen an, fasse es mit Blei unter Verwendung der Nägel, verlöte (die Scheiben) beiderseits. Lege einen mit Nägeln verbundenen Holzrahmen ringsherum, und setze es ein, wo du willst*« (2. Buch, XXIX, zit. nach Brepohl, S. 163).

Dadurch dass die Farbe nicht erst nachträglich aufgetragen, sondern die gesamte Glasmasse durchfärbt wurde, wird die Farbe zum integralen Bestandteil der Bildkomposition mit symbolischer Bedeutung.

Jedes Glasfenster in Chartres ist ein künstlerisches Einzelstück, das sich wiederum aus vielen einzelnen individuellen Teilen und

Szenen zusammensetzt. Die Fenster von Chartres illustrieren auf vielfältigste Weise biblische Geschichten sowie Heiligenlegenden und entfalten eine bezaubernde Bilderwelt, die sorgfältig bis ins kleinste Detail – Gesichtszüge, Augen, Gewänder, Haar- und Barttracht eingeschlossen – jede der dargestellten Figuren einbezieht. Wenn auch, wie im Mittelalter üblich, nicht perspektivisch getreu, so erscheinen die Figuren, ihre Bewegungen und Gebärden doch lebensecht. Die übergroßen Augen, die so typisch sind für die Früh- und Hochgotik und die sich auch in der Buchmalerei der damaligen Zeit finden, verleihen den Figuren zuweilen etwas Kindlich-Reines und Anrührendes.

Insgesamt entfaltet sich in den Fenstern eine wahre Erzählkunst, die mit der Literatur durchaus vergleichbar ist. Selbst gleiche Themen werden in verschiedenen Fenstern auf unterschiedliche Weise in Szene gesetzt. Die Erzählkunst der Fenster entspricht ihrem mittelalterlichen Auftrag, der von Papst Gregor dem Großen wie auch von Abt Suger und anderen formuliert wurde: Die Glasfenster mögen denjenigen, die weder lesen noch schreiben können, zeigen, was sie glauben sollen. In diesem Sinne galten die Fenster als *Biblia pauperum,* als »Bibel der Armen«. Gerade im 13. Jahrhundert war es der Bevölkerung verboten, die Bibel zu gebrauchen, ganz besonders wenn sie in der Muttersprache verfasst war. Wer mit einer volkssprachlichen Bibel angetroffen wurde, konnte mit einer Verurteilung als Ketzer rechnen.

Eine Besonderheit in Chartres ist die große Anzahl von Stiftern, die viele Fenster finanzierten. Nicht nur Könige, Adlige und Kleriker, sondern auch Handwerker und Händler traten als Stifter auf. Vielfach wurden auf geschickte Weise die biblischen Szenen mit Darstellungen der Stifter verbunden, wobei diese meist im unteren Bildrand zu sehen sind. Zum Beispiel wurde im zentralen Fenster des Hochchores unten ein übergroßer Brotkorb auf einem Altar dargestellt. Dies hat einerseits einen Bezug zur Eucharistie, zeigt aber andererseits auch, dass Bäcker dieses Fenster gestiftet haben. Im Fenster des heiligen Lubinus (westliches Seitenschiff), der Kellermeister war, bevor er Bischof von Chartres wurde (siehe S. 25 f.), werden viele Szenen aus dem Leben der Winzer und Weinhändler gezeigt. So verschmilzt das Leben des Heiligen und die Bedeutung des Weins beim Messopfer auf einzigartige Weise mit dem Alltagsleben der Menschen in Chartres.

Insgesamt geben mehr 120 Abbildungen einen Einblick in die Vielfalt damaliger handwerklicher Tätigkeiten, wobei sich über 20 verschiedene Gewerke ausmachen lassen: Von der Bearbeitung des Steins durch Maurer, Steinmetze und Bildhauer, über die Verarbeitung des Holzes durch Zimmerleute, Schreiner und Wagner, die Verarbeitung von Häuten durch Pelzmacher, Gerber, Kürschner, Schuhmacher und Sattler, die Herstellung und den Verkauf von Textilien durch Weber und Tuchhändler bis zu Lebensmittelhändlern wie Metzgern, Bäckern, Fisch- und Gewürzhändlern sowie Dienstleistern wie Geldwechslern und Lastenträgern ist alles vertreten; sogar Bauern, Glöckner und Apotheker tauchen als Stifter auf. So sind die biblischen Geschichten der Glasfenster auf Engste durchwoben vom bunten Treiben mittelalterlichen Stadtlebens.

Es ist aus Platzgründen nicht möglich, in diesem Kathedral-Führer die über 180 Glasfenster vollständig zu erläutern. Nur eine kleine Auswahl von Fenstern kann im Folgenden vorgestellt werden. Besuchern ist zu empfehlen, für die Betrachtung der Glasfenster ein Fernglas mitzunehmen, weil insbesondere die Bildelemente in großer Höhe mit dem bloßen Auge kaum erkennbar sind.

An der Westfassade befindet sich über dem Königsportal die **Westrose** und darunter ein Triptychon mit drei großen rundbogigen Fenstern (siehe Farbtafel S. 98). Während das Triptychon zu den drei ältesten Fenstern Chartres' gehört und noch aus der Zeit des Fulbert-Baus stammt, wurde die Westrose erst im 13. Jahrhundert eingefügt. Sie zeigt das Jüngste Gericht, ein typisches Thema für die Westseite. Denn so wie im Westen die Sonne untergeht, so ist mit dem Jüngsten Gericht das Ende der Welt erreicht. Die

Westrose scheint, wie aus dem Nichts kommend, im leeren Raum zu schweben – das Glas wirkt, als ob einzelne, auf einen dunklen Hintergrund gesetzte Edelsteine, locker angeordnet, aus dem Dunkel hervorleuchten. Dieser Eindruck entsteht dadurch, dass die Westrose im Gegensatz zu den beiden Rosen der Querportale keine äußere Fassung, keinen Rahmen, hat.

Im Innersten der Rose sitzt Christus als Erlöser. Genau wie am Nordportal tritt er nicht als Richter in Erscheinung, sondern zeigt seine Wundmale. Aus seinen Händen fließt rotes Blut hinab. In den zwölf ovalen Fenstern um die Mitte sind links und rechts paarweise die Apostel abgebildet, oben die Cherubim und Abrahams Schoß, der als das Gegenstück zum Höllenschlund galt, unten in der Mitte der Erzengel Michael als Seelenwäger, links neben ihm die Auserwählten mit Engel und rechts die Verdammten mit Teufeln. In den Christus direkt zugewandten kleinen Fenstern im Inneren der Ovale befinden sich die vier Evangelisten und weitere Engel. In den äußeren Achtpässen findet man typische Darstellungen des Jüngsten Gerichts wie Posaunen blasende Engel und vom Tode Auferstehende.

Die **drei Fenster unterhalb der Westrose** zeigen wesentliche Elemente der christlichen Heilsgeschichte. Das linke Fenster thematisiert die Auferstehung, das mittlere die Menschwerdung Christi und das rechte die Wurzel Jesse. Diese Fenster sind – wie die meisten – nach archaischer Lesart bustrophedon zu lesen, das heißt, die Geschichten beginnen im untersten linken Fenster und bewegen sich dann in einer S-Kurve aufwärts.

Beginnen wir mit dem **rechten Fenster**, der **Wurzel Jesse**: Das Fenster zeigt den Stammbaum Jesu und verbindet das Alte mit dem Neuen Testament. Ganz unten wird der Stammvater Jesse als Schlafender, auf einem Bett liegend, dargestellt. Aus seinem Schoß wächst ein Baum heraus: der Stammbaum, aus dem Jesus hervorgehen wird. Dies bezieht sich auf die Aussage in Jesaja 11,1: »Und es wird hervorgehen ein Reis aus dem Stamm Jesses (Isais), und ein Zweig aus seinen Wurzeln Frucht bringen.« In jedem der mittleren aufsteigenden Quadranten des Fensters werden nun die Nachfahren Jesses, auf dem Baum sitzend, dargestellt: direkt über Jesse David, darüber Salomo und weitere nicht eindeutig identifizierbare Könige. Im sechsten Quadranten oberhalb von Jesse erscheint die Jungfrau Maria und zuoberst schließlich Jesus selbst als jüngster Spross. Jesus ist umgeben von sieben weißen Tauben, die nach Jesaja die Gaben des Heiligen Geistes symbolisieren: Weisheit, Einsicht, Rat, Kraft, Wissen, Frömmigkeit und Gottesfurcht. Es fällt auf, dass die Äste und Zweige des Baumes in ihrer Struktur den weiblichen Geschlechtsorganen ähneln: in der Mitte jeweils die knotenartig dargestellte Gebärmutter, auf der der betreffende Spross sitzt, und zu beiden Seiten jeweils Zweige, die in ihrer Formung an die Eierstöcke erinnern. Deutlich erkennbar, wird hier der Vorgang des Gebärens betont, womit das zentrale Thema von Chartres, die Wiedergeburt des Menschen, erneut aufgegriffen wird.

In der **Mitte** werden im **Menschwerdungsfenster** Geschichten aus dem Leben Jesu dargestellt. Es beginnt unten von links nach rechts mit der Verkündigung an Maria, der Heimsuchung und der Geburt. Weitere Stationen, wie die Verkündigung an die Hirten, die Darstellung im Tempel, die Ermordung der Kinder, die Flucht nach Ägypten, die Jordantaufe und der Einzug in Jerusalem, folgen. In der Spitze sitzt in einer Mandorla die Jungfrau mit Christus auf dem Schoß, der seine Hand zum Segen erhebt, umgeben von zwei Engeln. In den beiden obersten seitlichen Zwickeln an der Rundung sind die Sonne als männliches und der Mond als weibliches Wesen dargestellt, wie sie aus den Wolken kommen und sich Christus und Maria zuwenden. Damit wird auf die Harmonie der beiden Pole des Männlichen und Weiblichen hingewiesen.

Das **linke Fenster der Auferstehung** erzählt die letzten Stationen aus dem Leben Jesu. Dem Thema der Passion angemessen, gibt es jedoch keinen »krönenden« Abschluss an der Spitze, wie in den beiden anderen Fenstern der Westfassade; vielmehr bleibt das

Ende der Geschichte offen. In den einzelnen Medaillons wird unter anderem das Abendmahl gezeigt (zweites Medaillon links von unten, siehe Abb. rechts), wobei Johannes an der Brust von Jesus liegt. Vor dem Tisch, deutlich getrennt von den übrigen Jüngern, sitzt Judas. Während er das Brot von Jesus erhält, entwendet er mit der rechten Hand einen Fisch vom Teller und gibt sich als Dieb zu erkennen. Daneben wird die Fußwaschung dargestellt (siehe Abb. rechts): Umgeben von den Aposteln kniet Jesus vor Petrus nieder und wäscht seine Füße. Nach Johannes 13,9 scheint er zu sagen: »Herr, nicht nur meine Füße, sondern auch die Hände und das Haupt«, womit angedeutet ist, dass er wünscht, die Schuld möge von seinem ganzen Körper abgewaschen werden. In der vierten Reihe von unten (linke und rechte Seite) finden sich zwei der ganz wenigen Kreuzesdarstellungen in der Kathedrale: Links hängt Jesus am Kreuz, ohne Dornenkrone, rechts wird er abgenommen. Das Kreuz hat eine leuchtend grüne Farbe und ist rot umrandet. Sieht man, dass Jesus im weiteren Verlauf als Auferstandener mit einem grünen Gewand bekleidet ist, so hat dies eine besondere Bedeutung: Das Grün steht symbolisch für das Leben, das Kreuz für den Lebensbaum. Die sonst in Kirchen übliche Symbolik der Kreuzdarstellung als Zeichen des Todes wird hier also vermieden zugunsten eines erneuten Hinweises auf die Wiedergeburt. – Zuoberst wird im Fenster der Gang nach Emmaus und das Emmausmahl dargestellt.

Die beiden Fensterrosen an den Querhausportalen greifen exakt dieselben Themen auf, die auch in den Skulpturen an den Portalen (siehe S. 91 ff.) behandelt werden. So steht am Nordportal ebenso wie an der **Nordrose** der Bund des Alten Testaments bis zur Geburt Jesu im Mittelpunkt (siehe Farbtafel S. 99). Und so, wie Anna mit Maria auf dem Arm, ein Buch in der Hand haltend, am Mittelpfeiler des Nordportals zu sehen ist, so ist sie hier im mittleren Lanzettfenster unterhalb der Rose abgebildet. Das Besondere in der Form der Rose liegt in den Rauten, die dem Fenster im Unterschied zur West- und zur Südrose insgesamt eine ungewohnt eckige Anmutung verleihen. In der Mitte der Nordrose sitzt Maria, die Christus auf dem Arm hält. Im Kranz der zwölf um die Mitte gruppierten Fenster befinden sich vier weiße Tauben des Heiligen Geistes sowie acht Engel. In den Rauten und den äußeren Halbkreisen sind 12 Könige des Alten Testaments mit 12 Propheten abgebildet, und zwar im Uhrzeigersinn von oben gesehen folgende: David (innen) mit Hoseas (außen), Salomo (innen) mit Amos (außen), Abia mit Jonas, Josaphat mit Nahum, Osias mit Sephanis, Achas mit Zacharias, Manasse mit Malachias, Ezechias mit Haggai, Jotam mit Habakuk, Joram mit Micha, Ahas mit Abdias und Roboam mit Joel.

In den **fünf Lanzettfenstern unterhalb der Rose** befindet sich links der ebenfalls am Nordportal dargestellte Melchisedek mit einem Kelch und einer Krone oder Tiara auf dem Haupt. Unter ihm wie auch unter den anderen Figuren der Lanzettfenster sind jeweils Gegenspieler oder »Antichristen« dargestellt. Unter Melchisedek ist es Nebukadnezar, der ein Götzenbild anbetet. Links daneben befindet sich König David mit einer zehnsaitigen Harfe, unter ihm König Saul, der sich ins Schwert stürzt. Rechts neben Anna ist König Salomo mit einem Zepter dargestellt, unter ihm sein Nachfolger Jeroboam, wie er goldene Kälber anbetet. Ganz rechts befindet sich Aaron, der ebenso wie Petrus am Nordportal die Brustplatte (Ephod) der alttestamentlichen Hohepriester mit den zwölf Edelsteinen für die Stämme Judas trägt. Die Brustplatte enthält genau wie die Nordrose über Eck gestellte Quadrate, Kreise und Halbkreise. Diese Ähnlichkeit in der Formgebung könnte beabsichtigt sein: Sie lässt die gesamte Nordrose wie das Hoheitszeichen der Priester des Alten Testaments erscheinen. Bei genauer Betrachtung ist erkennbar, dass die Brustplatte Aarons genau in der Mitte zusätzlich einen 13. runden smaragdgrünen Edelstein enthält, mit dem – verbunden mit dem grünen Zweig in Aarons rechter Hand – auf die Frucht Marias, also Christus, hingewiesen wird. Analog befindet sich Maria mit Christus im Innersten der Nordrose. Unterhalb von Aaron ist sein Verfolger, der Pharao dargestellt, wie er sich Hals über Kopf vom Pferd in die Wogen des Roten Meeres stürzt.

Auffällig ist, wie häufig die capetingische Königslilie (gelb auf blauem Untergrund) abgebildet ist, so in den Vierpässen innerhalb der Nordrose, in den vier kleineren Fenstern zwischen Rose und Lanzettfenster und besonders auffallend unterhalb von Anna im mittleren Lanzettfenster; zudem hält Anna einen Strauß mit weißen Blüten in der Hand, als ob sie das Zeichen des französischen Königs trüge. Das französische Königshaus trat als Stifter der Fenstergruppe auf, und offensichtlich sollte betont werden, dass es legitimer Nachfolger des biblischen Königtums ist. Aufgrund der Königslilie lässt sich die Entstehung der Nordrose auf die Zeit zwischen 1223 und 1226 datieren.

Genau gegenüber der Nordrose liegt die **Südrose** (siehe Farbtafel S. 100), in der entsprechend zum Südportal Christus und das Neue Testament thematisch dominieren. In der Mitte sitzt Christus auf einem Smaragdthron, seine rechte Hand ist zur segnenden Geste erhoben, seine Linke hält den Kelch des Abendmahls. Er ist umgeben von acht Engeln und den vier Evangelisten Matthäus, Markus, Lukas und Johannes. In den äußeren Kreisen und Halbkreisen sind die 24 Ältesten dargestellt, die jeweils mittelalterliche Musikinstrumente in der Linken und goldene Schalen mit Weihrauch in der Rechten halten.

Im mittleren der **fünf Lanzettfenster unterhalb der Südrose** ist Maria mit Christus auf dem Arm dargestellt. Sie trägt eine edelsteinbesetzte Krone und ein Zepter in der Rechten. Über ihr ist das Neue Jerusalem abgebildet. In den jeweils zwei Fenstern links und rechts der Mitte sind die vier Evangelisten zu sehen, die auf der Schulter von Propheten sitzen. Dies geht auf einen bekannten

Lanzettfenster unter der Südrose: Jeremias trägt Lukas und Jesajas trägt Matthäus

Ausspruch von Bernhard von Chartres zurück, der an der Kathedralschule lehrte und eine Beziehung zwischen modernen und antiken Gelehrten herstellte: Die jüngeren Philosophen und Kirchenväter seien wie Zwerge, die auf den Schultern von Riesen ruhten. Auf diese Weise könnten sie weiter sehen, auch wenn sie nicht die Geistesgröße ihrer Vorgänger erreichten. Ganz links ist Lukas auf den Schultern von Jeremias dargestellt, rechts daneben Matthäus auf den Schultern von Jesajas. Rechts von Maria trägt Ezechiel Johannes auf den Schultern und ganz rechts Daniel den Evangelisten Markus.

In der Südrose finden sich analog zur Nordrose an denselben Stellen Hinweise auf die Stifter: In den Vierpässen der Rose und unterhalb des mittleren Lanzettfensters ist ein blau-gelbes Würfelmuster zu erkennen, das Wappen von Pièrre Mauclerc, Graf von Dreux und Herzog der Bretagne, dessen Familie das zwischen 1223 und 1226 entstandene Fensterensemble stiftete. In den beiden äußersten Lanzettfenstern sind ganz unten die Kinder des Grafen, Yolande und Jean, zu sehen, im zweiten Fenster von links seine Ehefrau Alix de Thouars und im vierten Fenster Pièrre Mauclerc selbst.

In der Westwand des südlichen Querschiffs befindet sich das **Fenster des Heiligen Apollinaire** (siehe Farbtafel S. 102). Die beiden unteren Zeilen des Fensters sind in einer farblosen Grisaillenmalerei gestaltet, die wahrscheinlich erst lange nach der Entstehung eingesetzt wurde. Die Grisaille zeigt in der Mitte den Stifter Guilleaume Thierry in Anbetung der Madonna, darunter eine Inschrift, die auf ihn verweist.

Apollinaire soll von Petrus nach Ravenna geschickt worden sein und wirkte dort als Bischof, bevor er als Märtyrer starb. In den ersten fünf Zeilen oberhalb der Grisaille werden Szenen aus seinem Leben gezeigt: Er heilt den blinden Sohn eines Gastgebers, befreit die Frau des Militärherrschers von einer tödlichen Krankheit, befreit ein Kind von einem Dämon und reist auf einem Schiff ins Exil. Als er nach drei Jahren zurückkehrt, wird er am Stadttor von Ravenna von Heiden erschlagen, schließlich aufgebahrt und von seiner Gemeinde betrauert.

Die darüberliegenden drei Fensterzeilen haben ein ganz anderes Thema, nämlich die neun Engelchöre (siehe Farbtafel S. 102), die ebenfalls am Südportal dargestellt sind (siehe S. 116). In der ersten Zeile sind die Engel der untersten Hierarchiestufe abgebildet: die Engel, die Erzengel, die mit Lanzen gegen zwei Dämonen kämpfen, und die Fürstentümer. Darüber befinden sich die Gewalten (Exusiai) mit Schwertern, die Mächte (Dynameis) mit Zeptern und die Herrschaften (Kyriotetes) mit Krone und Zepter, in der obersten Zeile die Throne, die Cherubim und die Seraphim. Ganz oben sitzt Gott (oder Christus), der in der linken Hand die Weltkugel trägt und mit der Rechten segnet.

Die drei unterschiedlichen Bildzyklen scheinen in keinem thematischen Zusammenhang zu stehen und sind möglicherweise ursprünglich nicht in einem Fenster zusammengefügt gewesen. Lediglich eine Predigt von Alanus ab Insulis, einem Lehrer der Kathedralschule, gibt einen Hinweis auf das Verständnis. Die Menschen sollen sich durch ihr Tun weiterentwickeln zu göttlichen Wesen:

»Arbeite also, o Mensch, damit du durch die Glut der Liebe der Ordnung der Seraphim zugerechnet wirst oder durch die Fülle der Erkennt-

nis zu den Cherubim gezählt wirst oder durch das vernünftige Urteil dich würdig machst, zur Ordnung der Throne zu gehören ...« (zit. nach Halfen, S. 566).

In diesem Zusammenhang können auch die herausragenden Taten des heiligen Apollinaire verstanden werden.

Auf einen Zapfen am Fußboden fiel zur Sommersonnenwende ein Lichtstrahl auf diese Platte

Im rechten Ornamentrand des Fensters brach 1710 der Kleriker Claude Estienne ein kleines Loch hinein, durch das zur Sommersonnenwende mittags ein Licht auf einen am Boden befestigten Messingzapfen fiel und ihn aufleuchten ließ. Vermutlich gehörten zu dieser »Sonnenuhr« früher noch weitere Bezugspunkte auf dem Fußboden, die aber mittlerweile entfernt wurden. Es ist diesem astronomischen Messinstrument jedoch keine große Bedeutung beizumessen, zumal das nachträgliche Herausbrechen von Glas aus einem kunstvoll geschaffenen Fenster keine besondere Leistung und auch keine »elegante« Form der Zeitmessung ist. Im Vergleich dazu haben die Ausrichtung des gesamten Kirchenschiffs (siehe S. 74 ff.) und das Labyrinth als Mondkalender (S. 123 ff.) sicher eine höhere astronomische Wertigkeit.

Im zweiten Fenster des Chorjoches auf der Südseite befindet sich eines der ältesten Glasfenster der Kathedrale: Notre-Dame-de-la-Belle-Verrière, die »Jungfrau vom schönen Fenster« (siehe Farbtafel S. 101). Genau genommen, stammt nur der Teil des Bildes, der die Madonna mit dem Kind und der Geisttaube über dem Haupt auf rotem Hintergrund zeigt, aus der Zeit vor 1194, während die übrigen Glasscheiben rundherum wahrscheinlich im 13. Jahrhundert ergänzt wurden. Das Fenster ist relativ genau östlich ausgerichtet und wird daher die meiste Zeit des Jahres von der Morgensonne beschienen; symbolisch wird Maria mit der Morgenröte gleichgesetzt, die Christus, der Sonne des Südens, vorausgeht.

In der untersten Bildzeile wird gezeigt, wie Jesus dreimal von Teufeln versucht wird. Ganz links fordert der Teufel ihn auf, Stein in Brot zu verwandeln, um zu demonstrieren, dass er von Gott gesandt ist. Seine Antwort darauf lautet bekanntlich: »Der Mensch lebt nicht vom Brot allein« (Matth. 4,4). Als Nächstes wird Jesus aufgefordert, sich von der Zinne des Jerusalemer Tempels hinabzustürzen, damit ihn herbeieilende Engel als Gottes Sohn identifizieren, worauf Jesus sagt: »Du sollst den Herrn, deinen Gott, nicht versuchen« (Matth. 4,7). Zuletzt verspricht ihm der Teufel alle Herrlichkeiten dieser Welt, wenn er sich ihm unterwerfe. Darauf antwortet Jesus: »Du sollst anbeten den Herrn, deinen Gott, und ihm allein dienen« (Matth. 4,10).

In der nächsten Bildzeile wird die Hochzeit von Kana dargestellt. Ganz rechts weist Maria Jesus darauf hin, dass der Wein zur Neige geht, worauf dieser Wasser in Wein verwandelt. Hier entsteht nun ein Zusammenhang mit den vorhergehenden Versuchungen: Jesus weigerte sich, Steine in Brot zu verwandeln, kommt aber der Aufforderung nach, Wasser in Wein zu verwandeln. Worin besteht der Unterschied? Offensichtlich geht es nicht um das Materielle beziehungsweise um die Umwandlung einer Substanz in eine andere, sondern darum, aus welchem Geist heraus dies geschieht. Die Verwandlung von Wasser in Wein geschah in reiner Absicht, dargestellt durch die Jungfrau Maria.

Diese nimmt übergroß den mittleren Teil des Glasfensters ein; sie hält den segnenden Jesus auf dem Arm, der in seiner linken ein aufgeschlagenes Buch in den Händen hält, in dem nach Lukas (3,5) zu lesen ist: *Omnis vallis implebitur* – »Jedes Tal wird aufgefüllt werden«. Erneut wird damit Bezug genommen auf die materielle Fülle, die aus dem reinen Geist – dargestellt durch die Taube des Heiligen Geistes über dem Kopf von Maria – entsteht.

Oberer Teil des Fensters Notre-Dame-de-la-Belle-Verrière
vor der Restaurierung (Maria mit gerader Kopfhaltung,
vgl. Foto S. 101)

In einem allgemeineren Sinne gilt die Jungfrau hier nicht nur als Mutter von Jesus, sondern auch als Mutter Natur und damit als Quelle der Fruchtbarkeit und des Lebendigen. Als *Natura* wurde sie im 12. Jahrhundert von einigen Gelehrten der Schule von Chartres gesehen: Sie ist es, die die Täler mit Leben erfüllt, indem sie Menschen und Tieren Nahrung gibt. – Zu beiden Seiten Marias und unterhalb von ihr befinden sich Engel, wobei die vier Engel zu ihren Füßen sie anscheinend auf Säulen tragen wie ein Kultbild in einer Prozession.

Der Kopf Marias war ursprünglich nicht, wie heute zu sehen, leicht schräg geneigt, sondern gerade. Erst bei einer Restauration des Fensters im Jahre 1906 kam es zur seitlichen Neigung, wobei unklar ist, ob es sich um einen handwerklichen Fehler oder um eine absichtliche »romantisierende« Veränderung handelt. Die nebenstehende Zeichnung gibt einen Eindruck der ursprünglichen Fenstergestaltung.

Einige Fenster im Chorumgang wurden nach der Aufstellung des neuen Hauptaltars von Bridan leider herausgebrochen und unwiederbringlich zerstört, darunter auch das erste Lanzettfenster auf der Nordseite. Es enthielt vier Szenen aus dem Leben des heiligen Dionysius, Bischof von Paris. Die Farbtafel S. 103 zeigt eine Rekonstruktion eines Bildausschnitts aus diesem Fenster: Dionysius, bekleidet mit einem grünen Gewand und umgeben von einem Nimbus, soll mit dem Schwert erschlagen werden.

■ Die weitaus meisten Glasfenster in Chartres sind noch Originale aus dem Mittelalter. Viele Fenster wurden von Feudalherren, Klerikern, Handwerkern und Händlern gestiftet, die auf verschiedene Weise darin porträtiert sind. Die Fenster erzählen biblische Geschichten und Heiligenlegenden. Sie greifen die gleichen Themen auf, die auch an den Portalen in Form von Skulpturen behandelt werden, zum Beispiel Begebenheiten aus dem Alten Testament, das Leben Jesu und das Leben Marias.

»In Chartres leuchtet noch immer die Sonne Platos nach. Sie eigentlich ist es, die eine zauberhaft lichtvolle Einheit durch alle Differenzierung hindurchschimmern lässt.« (Richter, S. 58)

»Die Lehren von Chartres aus seiner goldenen Zeit können uns noch heute helfen, aber nur, wenn wir sie in ihrer Metamorphose erkennen und sie ernst nehmen. Wie die Studenten von Chartres müssen wir bereit sein, einem Pfade innerer Entwicklung zu folgen und uns für die Erfahrung des Geistigen vorzubereiten, statt mit dem bloßen Wissen zufrieden zu sein. Das ist es, was die Meister von Chartres lehrten.« (Querido, S. 14)

5. Die Schule von Chartres

Im Mittelalter gab es in vielen Kathedralstädten Schulen – außer in Chartres zum Beispiel in Laôn, Orléans, Tours, Reims und Paris. Die Kathedralschulen waren zwischen dem 10. und 12. Jahrhundert die Vorläufer der späteren Universitäten und dienten der Ausbildung junger Kleriker ebenso wie der Weiterentwicklung des Wissens und dem Disput der Gelehrten; sie hatten internationalen Zulauf von Schülern und Lehrern verschiedener europäischer Länder. Kathedralschulen sind nicht zu verwechseln mit Klöstern; zur Kathedrale von Chartres hat niemals ein Kloster gehört.

Um die Tragweite der Kathedralschulen zu verstehen, müssen wir uns vor Augen führen, dass die Hoheit über alles Wissen – gleichsam das Wissensmonopol – in dieser Zeit ausschließlich bei der katholischen Kirche, also bei den Klöstern und Domschulen, lag. Dort wurde Wissen (vor der Erfindung des Buchdrucks) durch Verfassen von Büchern und Übersetzungen oder Kommentaren antiker Texte vermehrt, durch das Abschreiben der Bücher vervielfältigt und durch Unterricht weitervermittelt. Die Lehrer an den Schulen bekleideten selbst ausnahmslos klerikale Positionen in der katholischen Kirche. Außerhalb des kirchlichen Umfeldes gab es praktisch keine Institutionen, die Wissen tradierten; abgesehen davon, konnten die meisten Menschen – Feudalherren und Könige oftmals eingeschlossen – weder lesen noch schreiben. Erst die Epoche der Renaissance brach ab dem 15. Jahrhundert mit dem Wissensmonopol der Kirche: Das Wissen schälte sich aus dem religiösen Kontext heraus, wurde profaner (»weltlicher«) und verbreitete sich langsam in weiten Bevölkerungskreisen.

Die sieben freien Künste

In der Schule von Chartres wie auch in anderen Kathedralschulen erfüllten die sieben freien Künste *(septem artes liberales)* eine zentrale Aufgabe. Ihrer Darstellung sind wir bereits an der Westfassade begegnet, wo sie im Tympanon des rechten Seitenportals, zusammen mit jeweils typischen Vertretern, antiken Philosophen, abgebildet sind (siehe S. 151). Was bedeutet nun dieser Bildungskanon des Mittelalters, der aus dem *Quadrivium* von Astronomie, Arithmetik, Geometrie und Musik sowie dem *Trivium* von Grammatik, Rhetorik und Dialektik besteht? Gemessen an heutigen Bildungsmaßstäben von Schulen und Universitäten kommt uns dieser Fächerkanon unvollständig und die Auswahl der Fächer seltsam und beliebig vor – mit anderen Worten: Der Zusammenhang für das Verständnis der sieben freien Künste ist für uns heute kaum noch nachvollziehbar, und wir müssen ihn erst in uns wiederbeleben, um ihren Sinn zu erfassen.

In der Schule von Chartres ging es nicht darum, im heutigen Sinne »Wissen« anzusammeln, das man für berufliche Aufgaben oder das allgemeine Weltverständnis benötigt. Diese Art der rein intellektuellen Schulung des Verstandesdenkens setzte erst zwei Jahrhunderte später in den Universitäten ein. Vielmehr ging es in Chartres um *innere* Erfahrungen, also darum, die seelischen Fähigkeiten des Menschen zu entwickeln. Es ging um »Bildung« im ursprünglichen Sinne des Wortes, nämlich um die ganzheitliche »Formung« des Menschen, die auch die emotionale Entwicklung einschloss. Es ging darum, das Bewusstsein so weit zu klären und zu läutern, dass es der göttlichen Ideenwelt teilhaftig wurde und der Mensch auf diese Weise das Verständnis für und den Zugang zu höheren kosmischen Sphären fand.

Dementsprechend wurden auch die sieben freien Künste nicht einfach als »Lehrfächer« in unserem heutigen verflachten Sinne verstanden, sondern vielmehr als real wirkende geistige Kräfte und Energien, als lebende Wesenheiten. Und genau so sind sie auch am Westportal dargestellt: verkörpert als weibliche Wesen mit Namen *Astronomia, Arithmetica, Geometria, Musica, Grammatica, Dialectica* und *Rhetorica*. Über ihnen thront im Tympanon des rechten Seitenportals als oberste weibliche Wesenheit die Jungfrau (siehe Foto S. 94), die im Zusammenhang mit den sieben freien Künsten auch als *Sophia* (Weisheit) oder als *Natura* verstanden werden kann. Denn es sind die Kräfte der Natur, die in ihnen wirken, und der Mensch, der sie in sich entfaltet, erwirbt Weisheit.

Die sieben freien Künste waren im Mittelalter durch den lateinischen Schriftsteller Martianus Capella, der im 4. nachchristlichen Jahrhundert lebte, bekannt, weil er eine in Klöstern und Kathedralschulen viel gelesene Enzyklopädie über sie verfasst hatte. Ihr Ursprung ist aber viel älter und geht wahrscheinlich auf die Tempelweisheit Ägyptens zurück; möglicherweise sind die Künste sogar in weitaus früheren Kulturen schon gegenwärtig gewesen. Es ist davon auszugehen, dass sie Teil der Schulung waren, die Hohepriester auf ihrem Weg zur Initiation beschritten. Auch die keltischen Druiden dürften in der vorchristlichen Zeit die sieben Seelenkräfte an der Mysterienstätte, die früher am Ort der Kathedrale stand, gepflegt haben.

Welcher Zusammenhang besteht nun zwischen den sieben freien Künsten? Es ist ein kosmischer Zusammenhang, der den Menschen miteinbezieht. Modern und etwas trivialer würden wir

Rechtes Seitenportal, Ausschnitt der sieben freien Künste:
oben Musik und Grammatik, unten Pythagoras und Donatus

es vielleicht so ausdrücken: Es geht um die Naturgesetze und um den Menschen, der ein Teil von ihnen ist. Zentral ist die Astrologie, die in früheren Kulturen eine Einheit mit der Astronomie bildete. Die Sterne wurden als Orte wahrgenommen, von denen aus geistige Wesen ihr Wirken im Kosmos entfalteten. Durch das Verständnis der Sterne und der Gesetzmäßigkeiten des Sternenhimmels lernt der Mensch, sich selbst im Kosmos zu »verorten«. Mit anderen Worten: Er lernt seine Stellung im kosmischen Gefüge Gottes kennen und versteht seine Aufgabe im hiesigen Leben. Das vollständige Verständnis dieser Zusammenhänge ist es, das sein Tun und Streben in Einklang mit dem göttlichen Willen bringt und ihn zur geistigen Wiedergeburt führt.

Die geistigen Wesenheiten nun, die sich aus der Sternensphäre entfalten, sind die freien Künste, die sich in zwei Richtungen aufteilen: in die Richtung der Zahl, die das Quadrivium hervorbringt, und in die Richtung des Wortes, die das Trivium hervorbringt. Beide, Zahl und Wort – Quadrivium und Trivium – sind vereint im *Logos.* Im Johannes-Evangelium (1, 1-3) heißt es: »Im Anfang war das Wort, und das Wort war bei Gott, und Gott war das Wort. ... Alle Dinge sind durch dasselbe gemacht, und ohne dasselbe ist nichts gemacht, was gemacht ist«. Das Wort, griechisch *Logos,* ist somit integraler Bestandteil der Schöpfung des Kosmos. Das Wort »Logos« wurde ursprünglich in einer umfassenden Weise verstanden als Lehrsatz, Rede, Ausspruch, Überlieferung, Verantwortung, Botschaft, Erzählung, Grund, Vernunft, Erwägung, Berechnung, Begründung, im Johannes-Evangelium sogar als Synonym für Christus. Noch heute verstehen wir ansatzweise die Verbindung zwischen Wort und Zahl, denn über die Kabbala ist überliefert, dass jedem Buchstaben ein Zahlenwert zugeordnet ist. Buchstaben und Alphabete wiederum sind Bildkomplexe, die als Symbole für geistig Seiendes, für Ideen, stehen. In der ägyptischen Kultur wurden die Konsonanten in Beziehung zu den Tierkreiszeichen und die Vokale in Beziehung zu den Planeten gesetzt.

Die Schüler der Kathedralschule von Chartres begannen ihr Studium mit dem Trivium und setzten es mit Quadrivium fort. So erklommen sie schrittweise die Stufenleiter der freien Künste und entwickelten ihre geistigen Kräfte.

- Am Anfang steht die *Grammatik,* die dem Mond zugeordnet ist. Die Grammatik umfasst die Gesetze der Sprache und Wörter sowie der Verbindungen zwischen ihnen. Wie der Mond das Sonnenlicht spiegelt, galt die Grammatik als Spiegel, die den Logos durch seine Tätigkeit in der irdischen Sprache widerspiegelt.

- Es folgt die *Rhetorik* als Lehre von der Schönheit der Rede, die der Venus zugeordnet ist. Mit Hilfe der Rhetorik lernt der Schüler, die Grammatik zur Kunst seines persönlichen Wortes zu formen.

- Die *Dialektik* ist das logische und analytische Denken. Durch sie lernt der Schüler die Beweglichkeit im Denken: Er be-greift die in Worten ausgedrückten Sachverhalte. Die Dialektik ist dem Planeten Merkur (Hermes) zugeordnet, der sich als geflügelter Bote zwischen der Welt der Götter und der Menschen hin- und herbewegte.

- Als Nächstes führt die *Arithmetik* in das Reich der Zahlengesetze. Davon, dass Zahlen nicht nur als Quantitäten, sondern vor allem als Qualitäten (= Energien, Kräfte) verstanden wurden, war im zweiten Kapitel bereits die Rede; einige Bedeutungen der Zahlen wurden dort erläutert (siehe S. 71 f.). Die Arithmetik gehört zur Sphäre des kraftvollen Mars.

- Die *Geometrie,* die Jupiter zugeordnet ist, lehrt, wie sich die Zahlen im Raum und in der Zeit verhalten, Letzteres zum Beispiel im Hinblick auf die Bahnen der Sterne. Die geometrischen Figuren stehen in enger Verbindung mit den Zahlenqualitäten (siehe S. 70).

- Die *Musik* umfasst Gesang, das Spielen von Instrumenten, aber auch das Studium von Harmonie, Rhythmus, Melodie und Komposition. In der Musik werden die Zahlengesetze hörbar. Wer es versteht, auf geistiger Ebene zu hören, wer hellhörig geworden ist, der vermag die Sphärenharmonie zu vernehmen, die durch die Bewegung der Himmelskörper und ihr Tönen entsteht. Der Musik ist die Sonne als zentraler Stern unserer kosmischen Sphäre zugeordnet. Der Schüler, der bis zur Musik fortgeschritten ist, hat bereits in hohem Maße gelernt, den Einklang des Göttlichen wahrzunehmen, in ihn einzustimmen und damit sich selbst in Übereinstimmung mit der göttlichen Weltordnung zu bringen.

• Als letzte und höchste Stufe der Seelenläuterung folgt das Studium der *Astronomie*, die die Architektur des Universums mit den Planetenbewegungen, die Gesetze der Sterne und die Einflüsse des Zodiaks auf Mensch und Erde lehrt. Damit ist der Schüler bei der übergeordneten Ganzheit der kosmischen Zusammenhänge angekommen.

■ Die sieben freien Künste waren Bestandteil der Lehre in der Kathedralschule von Chartres, die vom 10. bis 12. Jahrhundert eine der bedeutendsten Lehr- und Lernstätten des Abendlandes war. Die Künste setzten sich aus dem Trivium (mit Grammatik, Rhetorik und Dialektik) und dem Quadrivium (mit Arithmetik, Geometrie, Musik und Astronomie) zusammen. Die sieben Künste wurden nicht als Lehrfächer im heutigen Sinne verstanden, sondern als geistige Wesenheiten und Kräfte. Ihr Studium diente nicht dazu, Wissen anzusammeln, sondern die seelische Entwicklung des Menschen so weit voranzutreiben, dass er seine Stellung im kosmischen Gefüge verstand und seinen Lebenswandel in Übereinstimmung mit dem göttlichen Willen bringen konnte – »Bildung« im Sinne von umfassender »Formung« des Menschen.

Bedeutende Lehrer der Kathedralschule

Die Kathedralschule von Chartres stützte sich auf einige wenige antike, spätrömische und frühchristliche Philosophen, deren Werke damals nicht einmal vollständig überliefert und übersetzt waren. Besonders wichtig war Pythagoras, der im sechsten Jahrhundert vor unserer Zeitrechnung lebte und bereits die Sphärenharmonie lehrte. Dreh- und Angelpunkt seiner Philosophie war für ihn die Zahl als wirkendes Prinzip des Kosmos. Das Eine (Gott), der Urgrund des Seins, erlegt dem unbegrenzten Urchaos eine Grenze auf, indem es dieses in Zahlen verwandelt. Dadurch dass das Unbegrenzte eine Grenze erhält, wird es zur Ordnung, zum »Kosmos« – ein Begriff, den wahrscheinlich Pythagoras als Erster gebrauchte und der auch »Vollkommenheit« und »Schönheit« bedeutet. Pythagoras entwickelte eine umfassende Zahlentheorie, die zum Grundgerüst der modernen Mathematik wurde.

Ein weiterer wichtiger Philosoph war Platon, von dem lediglich dessen Werk *Timaios* bekannt war, und das auch nur in Auszügen. Die von Platon entwickelte Kosmologie ähnelte derjenigen von Pythagoras. Platon verstand das Weltall als ein von Gott beseeltes und mit Vernunft begabtes Lebewesen. Er nahm eine mathematisch strukturierte Weltseele an, die für die Ordnung im Weltall sorgte. Plotin, ein Philosoph des 3. Jahrhunderts unserer Zeitrechnung, setzte das Denken Platons fort und beschrieb den Aufstieg vom und den Abstieg zum Einen.

Dionysius ist einer derjenigen, die zwar großen Einfluss auf Chartres ausübten, über die jedoch wenig Gesichertes überliefert ist; zum Teil wird er gleichgesetzt mit dem von Clemens I. nach Gallien geschickten Missionar, der später zum ersten Bischof von Paris wurde und als Märtyrer starb (siehe Abbildung S. 103). Über Dionysius' *Himmlische Hierarchie* der neun Engelchöre, die am Tympanon des Südportals (siehe S. 116) wie auch im Fenster des heiligen Apollinaire (siehe S. 102) abgebildet ist, war schon die Rede. Erwähnenswert ist noch Boethius, ein römischer Staatsmann des 5. Jahrhunderts, der am Westportal als Vertreter der Arithmetik zu sehen ist. In seinem Werk *Trost der Philosophie* tritt *Philosophia* als Wesenheit auf, die ihn belehrt, dass all sein Leid auf mangelnder Selbsterkenntnis beruhe. Der Weg zum wahren Glück bestehe in der Suche nach Wahrheit.

Moderne Skulptur von Fulbert vor dem Westportal

All diese Philosophen wurden in der Schule von Chartres gelesen und von den Lehrern vielfach kommentiert, auch in schriftlicher Form. Gegründet wurde die Schule von dem schon im ersten Kapitel vorgestellten Bischof Fulbert (siehe S. 30 ff.) um das Jahr 1000 herum. Es ist nicht ausgeschlossen, dass bereits vorher eine kleine Schule am Ort existierte, doch nahm diese mit Fulbert und dem enormen Ausbau der Kathedrale als romanische Basilika einen großen Aufschwung. Fulbert förderte nicht nur die sieben freien Künste, sondern lehrte auch Medizin, was für damalige Verhältnisse als ungewöhnlich galt, aber in Einklang mit seinem Ausbau der Krypta als Heilzentrum für Kranke stand. Fulbert soll nicht nur selbst heilend tätig gewesen sein, sondern auch eine lebendige Verbindung zwischen dem Diesseits und der geistigen Welt gelehrt haben. Von seinen Werken ist im Gegensatz zu den Werken späterer Lehrer der Schule fast nichts überliefert.

Zu den Nachfolgern Fulberts gehörten illustre Geister, die zum Teil Bischöfe, zum Teil Kanzler der Kathedralschule waren und oft als Gelehrte an verschiedenen Kathedralschulen Europas tätig waren:

- Bernhard von Chartres (vor 1130) folgte der Ideenlehre Platons und sah die Weltseele als Ausfluss des göttlichen Geistes an.
- Thierry von Chartres, sein Bruder, verband Theologie mit Geometrie. Die Dreifaltigkeit erklärte Thierry durch geometrische Formen: Vater, Sohn und Heiliger Geist stellten sich ihm als

gleichseitiges Dreieck dar – sicher auch ein Grund für die Triangulatur, die wir im Kirchenschiff der Kathedrale finden, in das drei gleichseitige Dreiecke hineinpassen.

- Bernhardus Silvestris (Bernhard von Tours) lehrte um die Mitte des 12. Jahrhunderts und beschrieb allegorisch die Erschaffung der Welt und des Menschen, wobei er sich bemühte, die biblische Schöpfungsgeschichte mit einer naturwissenschaftlichen Schöpfung in Einklang zu bringen.
- Gilbert de la Porrée, ein Zeitgenosse von Bernhardus Silvestris, später Bischof von Poitiers, verfasste einen Kommentar zu Boethius.
- Wilhelm von Conches, Schüler von Bernhard von Chartres und Lehrer von Johannes von Salisbury, verstand sich als Naturforscher und Mediziner und verband eine beschreibende, phänomenorientierte Naturwissenschaft der vier Elemente Erde, Wasser, Feuer und Luft mit der Frage nach dem göttlichen Ursprung der Welt. So vereinigte er Physik und Metaphysik.
- Johannes von Salisbury befasste sich ausführlich mit der Logik, einem Gebiet, auf dem Aristoteles als vorbildlich galt. Sein Werk ist zum Teil eine Einführung in das aristotelische Denken, das damals durch erste Übersetzungen gerade aufzukeimen begann.
- Alanus ab Insulis (Alain de Lille oder Alain de L'Ile) lehrte im späten 12. Jahrhundert und war der letzte bedeutende Vertreter, bevor die Schule von Chartres unterging. Seine allegorische Beschreibung der sieben freien Künste gleicht in mancher Hinsicht ihrer Darstellung am Westportal.

Man darf sich die Werke der Lehrer in Chartres weder so vorstellen wie die Werke der antiken Philosophen noch so wie die Werke der modernen Philosophie, die sich – dem heutigen Verstandesdenken entsprechend – in begrifflich-abstrakter Form mit theoretischen Erörterungen der Ethik, der Logik und anderer Themen befassen. Im Mittelalter wie auch in der Schule von Chartres war ja, wie schon ausgeführt (siehe S. 22f.), das bildhafte Denken viel stärker ausgeprägt als das begriffliche. So wie die Seele in Bildern spricht, so haben viele der Werke der Chartreser Schule den Charakter von Allegorien, oft in Verse gekleidet.

Prototypisch für viele Werke ist der folgende erzählerische Ablauf: Verschiedene Naturkräfte treten als Wesenheiten auf, zwischen ihnen die menschliche Seele, die noch in höheren Sphären weilt. Es entwickelt sich ein Drama, denn ein Teil der Seele fällt, in das Dunkel des physischen Leibes eingekerkert, in die Tiefe der Materie hinab. In der Finsternis der Erde nun ringt der Mensch mit seinen Schwächen und Lastern, mit Irrungen und Wirrungen. Indem der Mensch seine Tugenden entfaltet und sich redlich bemüht, kommen ihm die Naturkräfte und -wesenheiten der höheren Sphären entgegen und helfen ihm bei seinem geistigen Wiederaufstieg. Schließlich steigt der Mensch erneut in die höheren geistigen Ebenen empor, wobei er verschiedene himmlische Sphären durchquert.

Fantasie und persönlich Geschautes (*Theoria* im ursprünglichen Sinne des Wortes als »Gottesschau«), Poesie und Philosophie durchdringen sich in den Werken der Chartreser Lehrer auf das Innigste. Vielfach läuft die Allegorie auf die Lehre Platons hinaus, dass alles Lernen nur ein Wiedererinnern dessen ist, was die Seele von jeher weiß, was sich aber durch den Schleier des Vergessens bei ihrer Geburt auf der Erde verdunkelt hat.

Als Beispiel sei hier die *Cosmographia*, ein Werk von Bernhardus Silvestris, genannt, das sich mit der Erschaffung des Makro- und des Mikrokosmos befasst. Nachdem *Natura* mit Hilfe von *Nous (Sophia)*, der göttlichen Vernunft, den Makrokosmos erschaffen hat, geht es um die Schöpfung des Menschen. *Natura* führt die Seelen aus ihrem kosmischen Umfeld hinunter in das irdische Reich des Körperlichen, das ihnen nun als Wohnstätte dienen soll, dessen Finsternis ihnen jedoch nicht behagt. *Urania*, die Wesenheit der Sternenweisheit, hat nun die Aufgabe, die Seelen in vielen Inkarnationen durch den Tierkreis zu bringen, wobei jedes Sternbild dem Menschen andere Qualitäten zuweist. Weil der Mensch sich häufig nicht an seinen geistigen Ursprung erinnern kann, gibt ihm *Nous* drei Geschenke als Hilfsmittel: durch *Urania* den Spiegel der Vorsehung, durch *Natura* die Tafel des Schicksals und durch *Physis* das Buch der Erinnerung. Bei der physischen Erschaffung des Menschen nimmt sich Physis den Makrokosmos zum Vorbild.

>> *Als den Göttern verwandtes Bild und als heiliges Schlussglied,*
Als meiner Schöpfungen Ziel soll nun erstehen der Mensch,
Wie er von Ewigkeit her, seit dem Urbeginne der Welten
Als eine hohe Idee würdig im Geiste mir lebt!
Geist empfängt er vom Himmel, den Leib aus den Elementen,
Erde bewohne sein Leib, aber den Himmel sein Geist.
Und zur Einheit mögen sich finden der Geist und der Körper,
Auf dass ein heiliges Band mache gefällig das Werk.
Göttlich er sei und irdisch zugleich, und er diene den beiden
Welten durch Einsicht; jedoch Göttern mit Religion<<
(Bernhardus Silvestris: *Cosmographia*, zit. nach Ladwein, S. 206).

Einen Nachhall allegorischer Erzählungen dieser Art mit ähnlichem Inhalt finden wir noch zweihundert Jahre später in Dantes *Göttlicher Komödie*; Dantes Lehrer, Brunetto Latini, hatte in der Schule von Chartres gelernt.

■ Die Kathedralschule von Chartres stützte sich auf einige wenige Werke antiker, spätrömischer und frühchristlicher Philosophen wie Pythagoras, Platon, Plotin, Dionysius und Boethius. Nach der Gründung der Schule durch Bischof Fulbert im 10. Jahrhundert erreichte sie ihren Höhepunkt im 11. und 12. Jahrhundert. Gelehrte wir Bernhardus Silvestris, Thierry, Johannes von Salisbury und

Alanus ab Insulis verfassten allegorische, zum Teil poetische Werke, die den Abstieg des Menschen aus den höheren geistigen Sphären in das Dunkel der Materie und seinen erneuten Aufstieg mit Hilfe geistiger Kräfte und Wesenheiten behandelten.

Ausklang des Chartreser Denkens

Alanus ab Insulis sah in seinem Werk *Anticlaudian* bereits das Ende der Chartreser Schule voraus. Er sah das Zeitalter des abstrakt-begrifflichen Verstandesdenkens hereinbrechen, das die Zeit der lebendig geschauten und gefühlten Imaginationen ablösen würde. Alanus wusste auch, dass durch die Zunahme der einseitigen und eher »verkopften« Schulung des Intellekts der Kontakt zu den höheren geistigen Sphären weiter abnehmen würde, weil der Mensch tiefer in die Materie hineinfallen werde.

Den Schlusspunkt in der Schule von Chartres setzte der zeitgleich mit Alanus lehrende Bischof von Chartres Regnault de Mouçon. Er vernachlässigte die Schule, weil ihm der Kampf gegen die Katharer und seine Teilnahme am Kreuzzug gegen die Albigenser, bei dem er selbst eigene Truppen anführte, wichtiger waren. Das Zeitalter der Ketzer hatte begonnen, und der Zeitgeist zeigte sich zunehmend intolerant gegenüber Andersdenkenden. Regnault de Mouçon war es auch gewesen, unter dem der gotische Neubau der Kathedrale 1194 begonnen hatte. So ergab sich hier eine merkwürdige Koinzidenz: Derselbe Bischof, der den Untergang der Kathedralschule besiegelte, war es, der die heutige »fünfte Kirche« initiierte. Die Kathedrale wurde also erst gebaut, als die Kathedralschule schon ihr Ende erreicht hatte.

Die Schule von Chartres wie auch die übrigen Kathedralschulen wurden abgelöst durch die im Entstehen begriffenen Universitäten, allen voran die Sorbonne in Paris. Hier wehte nun ein neuer Geisteswind: War Chartres noch vom alten Geist Platons durchdrungen, so rückte dieser zugunsten von Aristoteles mehr und mehr in den Hintergrund. Statt um die geistige Schau höherer Welten, wie sie ja noch Platon zu eigen war (man denke nur an sein Höhlengleichnis), ging es nun mehr und mehr um die Schärfe begrifflichen und logisch-analytischen Denkens, für das Aristoteles die Wurzeln gelegt hatte. Den Unterschied zwischen Platon und Aristoteles veranschaulicht Raffaels berühmtes Gemälde *Die Schule von Athen*. Beide Philosophen stehen nebeneinander, doch während Platons Hand nach oben zum Himmel zeigt, weist Aristoteles' Hand nach unten zur Erde. Als näher am Irdisch-Materiellen orientierter Philosoph erschien Aristoteles damals als der geeignetere, um auf seinem Denken in den kommenden Jahrhunderten an den Universitäten ein differenziertes wissenschaftliches Weltbild mit vielen Disziplinen aufzubauen.

Der sogenannte Universalienstreit zwischen Nominalisten und Realisten hatte sich damit zugunsten der Nominalisten entschieden. In Chartres hatte man die Richtung des Realismus vertreten, die man heute eher als »Idealismus« bezeichnen würde, denn sie folgte der Lehre Platons, nach der höhere geistige Ideen die Grundlage der dinghaften Welt sind. Der Nominalismus hingegen vertrat der Ansicht, real seien nur die Namen, nicht jedoch die Ideen dahinter. Ausdruck fanden diese beiden Denkrichtungen unter anderem im Abendmahlsstreit, der sich über Jahrhunderte hinzog: »Sind« Brot und Wein tatsächlich Leib und Blut Christi oder »bedeuten« sie es nur? Mit dem Nominalismus setzte an den Universitäten die Hochblüte der Scholastik ein, die bedeutende Vertreter wie Thomas von Aquin und Wilhelm von Ockham hervorbrachte.

Die Schule von Chartres hatte ihr Ende erreicht. Geblieben ist uns bis heute ein wunderbare Kathedrale, aus der die geistige Fülle einer hohen Symbolkraft spricht – eine Bilderwelt, die wir wieder in uns lebendig werden lassen können, wenn wir dafür offen sind.

■ Die Schule von Chartres wurde abgelöst durch die neu entstehen-
den Universitäten, allen voran die Pariser Sorbonne. Damit war
auch das für Chartres so typische bildhaft-allegorische Denken
und Schauen mit seinem zu höheren geistigen Sphären gewen-
deten Blick zu Ende. Es folgte die Entwicklung der Wissenschaft
mit ihrem begrifflich-abstrakten und logisch-analytischen Denken,
das bis heute prägend geblieben ist.

Chartres für den Menschen von heute

Die künstlerisch reiche Bilderwelt Chartres' mit ihrer harmo-
nischen Architektur steingewordener Musik und ihrer beredten
Symbolik der Skulpturen und Glasfenster verweist uns zentral auf
eines: die Selbstwerdung des Menschen und seine Wiedergeburt
auf einer höheren geistigen Ebene.

So führt uns die Kathedrale von Chartres in das Mysterium des
Lebens ein. Sie zeigt uns, was wir in der heutigen Zeit nur allzu
oft vergessen haben: Wir kommen aus höheren geistigen Sphären
und werden nach unserem hiesigen Leben auch wieder dorthin
zurückkehren. Die hohen Energien der Kathedrale bringen uns in
Verbindung mit unserem geistigen Ursprung wie auch mit dem
Ziel unseres Seins. Wir selbst entscheiden, ob wir uns davon verwandeln und emporheben lassen wollen.

Literatur

Brepohl, Erhard: *Theophilus Presbyter und das mittelalterliche Kunsthandwerk. Gesamtausgabe der Schrift DE DIVERSIS ARTIBUS in zwei Bänden.* Band 1: Malerei und Glas. Köln: Böhlau, 1999.

Burckhardt, Titus: *Vom Wesen heiliger Kunst in den Weltreligionen.* Zürich: Origo, 1955.

Charpentier, Louis: *Die Geheimnisse der Kathedrale von Chartres.* Köln: Gaia Verlag, 14. Aufl. 1997.

Clerval, A.: *Guide Chartrain. Chartres: Sa Cathédrale – Ses Monuments.* Chartres: Imprimerie Durand, 1927.

Critchlow, Keith / Jane Carroll / Llewylyn Vaughn Lee: »Chartres Maze – a model of the universe?« In: *Architectural Association Quarterly* 5 / 1973, S. 11 – 20.

Dehio, Georg / Gustav Bezold: *Die kirchliche Baukunst des Abendlandes.* Textbände 1 und 2. Bildbände 1 bis 5. Hildesheim: Olms, 1969 (Reprint von 1892 ff.).

Durach, Felix: *Mittelalterliche Bauhütten und Geometrie.* Stuttgart: J. Hoffmann, ca. 1925.

Erlande-Brandenburg, Alain: *The Cathedral Builders of the Middle Ages.* London: Thames & Hudson, 2002.

Fichtl, Friedmann: *Der Teufel sitzt im Chorgestühl. Ein Begleitbuch zum Entdecken und Verstehen alter Kirchen und ihrer Bilderwelt.* Eschbach: Verlag am Eschbach, 4. Aufl. 2002.

Halfen, Roland: *Chartres – Schöpfungsbau und Ideenwelt im Herzen Europas. Bd. 3: Architektur und Glasmalerei.* Stuttgart: Mayer, 2007.

Heyer, Karl: *Das Wunder von Chartres.* Stuttgart: Mellinger, 3. Aufl. 1956.

Houvet, Etienne: *Die Kathedrale von Chartres.* Auszug aus dem von der Académie des Beaux-Arts preisgekrönten Werk des Verfassers. Chartres: Editions Houvet-La Crypte, o. J.

Hummel, Charles: *Pythagoras und die Meister von Chartres.* Schriften über Harmonik, Bd. 24. Bern: Kreis der Freunde um Hans Kayser, 1998.

Ketley-Laporte, John et Odette: *Chartres – le labyrinthe déchiffré*. Chartres: Editions Garnier, 1997.

Klug, Sonja Ulrike: *Kathedrale des Kosmos. Die heilige Geometrie von Chartres*. Bad Honnef: Kluges Verlag, 2. Aufl. 2005.

Klug, Sonja Ulrike: *Chartres für die Jackentasche. Der Mini-Führer durch die berühmte französische Kathedrale*. Bad Honnef: Kluges Verlag, 2007.

Klug, Sonja Ulrike: »Das Geld der Gotik. Die Kathedralen, das Geld und die Kehrseite der Medaillen.« In: *Pulsar* (St. Ulrich, Österreich), 8/2006, S. 52–57 (1. Teil) und 9/2006, S. 22–25 (2. Teil).

Klug, Sonja Ulrike: »Die Heilige Geometrie der Kathedrale von Chartres.« In: *Grenzgebiete der Wissenschaft* (Innsbruck) 51 (2002), Nr. 1, S. 3–18.

Klug, Sonja Ulrike: »Die Kathedrale von Chartres – Das Heilige Zentrum und die Blume des Lebens. In: *Zeitschrift für Radiästhesie* (München) 54 (2002), Nr. II, S. 1–10.

Klug, Sonja Ulrike: »Die Kathedrale von Chartres. Die Anwendung der Heiligen Geometrie löst alte Rätsel.« *www.chartres-heiligegeometrie.de*

Klug, Sonja Ulrike: »Geld der Gotik. Wie die kulturelle Blüte des Mittelalters finanziert wurde.« In: *Matrix 3000* (Peiting, Deutschland), Sept./Okt. 2006, S. 54–57.

Kurmann-Schwarz, Brigitte / Kurmann, Peter: *Chartres. Die Kathedrale*. Regensburg: Schnell und Steiner, 2001.

Ladwein, Michael: *Chartres. Ein Führer durch die Kathedrale*. Stuttgart: Urachhaus, 1998.

Mâle, Émile: *Notre Dame de Chartres*. Tübingen: Wasmuth, 1983.

Mayr, Robert: »Mit dem Szintillationszähler und der Rute auf den Spuren der Kelten.« *www.rom-elektronik.com/daten.pdf/IRLAND/pdf*. 24. Mai 1999.

Merlet, René: *La Cathédrale de Chartres*. Paris: Henri Laurens, o.J. (ca. 1912).

Merz, Blanche: *Orte der Kraft. Stätten höchster kosmo-terrestrischer Energie*. Aarau: AT Verlag, 2. Aufl. 1999.

Miller, Malcolm: *Die Kathedrale von Chartres*. Andover, Hampshire: Pitkin Guides, 1997.

Müller, Hans-Egon: *Notre-Dame von Chartres – Über Sinn und Geist der gotischen Architektur*. Bad Saarow: Eigenverlag, 2003.

Oster, Uwe A.: *Die großen Kathedralen. Gotische Baukunst in Europa*. Darmstadt: Primus, 2003.

Querido, René: *Vision und Morgenruf in Chartres*. Schaffhausen: Novalis, 1989.

Richter, Gottfried: *Chartres. Idee und Gestalt der Kathedrale*. Stuttgart: Urachhaus, 1958.

Rüpke, Jörg: *Zeit und Fest. Eine Kulturgeschichte des Kalenders*. München: C.H. Beck, 2006.

Sauerländer, Willibald: *Das Königsportal in Chartres. Heilsgeschichte und Lebenswirklichkeit*. Frankfurt: Fischer, 1996.

Schavernoch, Hans: *Die Harmonie der Sphären. Die Geschichte der Idee des Welteneinklangs und der Seeleneinstimmung*. Freiburg / München: Karl Alber, 1981.

Schröder, Benita von: *Das Mysterium von Chartres. Bild- und Kompositionsgeheimnisse der Portale und Glasmalereien*. Stuttgart: Urachhaus, 2. Aufl. 2000.

Simson, Otto von: *Die gotische Kathedrale. Beiträge zu ihrer Entstehung und Bedeutung*. Darmstadt: Wissenschaftliche Buchgesellschaft, 5. Aufl. 1992.

Strachan, Gordon: *Chartres. Sacred Geometry, Sacred Space*. Edinburgh: Floris Books, 2003.

Tezmen-Siegel, Jutta: *Die Darstellungen der septem artes liberales in der Bildenden Kunst als Rezeption der Lehrplangeschichte*. München: tuduv, 1985.

Wolff, Philip: »Mittelalter und Moderne: Wie die Erde zur Scheibe wurde.« *www.spiegel.de/wissenschaft/weltraum/ 0,1518,381627,00.*html. 2.11.2005.

Nützliche Websites

www.chartres-heiligegeometrie.de
Ein Aufsatz von Sonja Ulrike Klug, der einige wichtige Erkenntnisse der Heiligen Geometrie zusammenfasst.

www.ville-chartres.fr, www.chartres.com, www.chartres-tourisme.com
Seiten der Stadt Chartres mit nützlichen Informationen über die Stadt und für Touristen, zum Teil auf deutsch.

http://www.diocese-chartres.com/ensemble/index.php
Die offizielle Homepage der Diözese von Chartres. Von hier aus gelangt man per Link auch zum *Maison Saint Yves,* wo sich Zimmer buchen lassen.

http://cathedrale.chartres.free.fr
Eine Website, die auch in deutscher Sprache Informationen über die Kathedrale, ihre Geschichte, Architektur usw. bietet.

http://www.chartres-csm.org/us_fixe/
Eine Website, die in englischer Sprache umfassende Informationen über die Kathedrale veröffentlicht.

http://images.library.pitt.edu/cgi-bin/i/image/image-idx?sid=4a4442a7 78b25fd6430d421d704b0223;page=index;c=chartres
Mit über 3000 Fotos und Zeichnungen die größte Bilddatenbank von Chartres im Internet.

Bildnachweise

Cover: hypnofrog/flickr.com
S. 17: Sébastien Rouillard, Parthénie, 1609
S. 31, 35: André de Mici, 11. Jhrt.
S. 51, 91, 110: Richter, 1958
S. 85, 121, 122: Dehio / Bezold, 1892 / 1969
S. 89 unten, 97: Merlet, ca. 1912
S. 127: J. B. Rigaud, um 1750
S. 139, 142, 146: Clerval, 1927
Alle übrigen Fotos und Zeichnungen von der Autorin. Alle Rechte beim Kluges Verlag. Verwendung nur mit ausdrücklicher Genehmigung des Kluges Verlags.

Über die Autorin

Dr. Sonja Ulrike Klug ist freie Schriftstellerin, Verlegerin und Inhaberin einer Buchagentur.

Sie hat 17 Bücher sowie mehr als 60 Fachartikel über diverse Themen veröffentlicht. Über die Kathedrale von Chartres hat sie neben zahlreichen Artikeln 3 Bücher verfasst: Neben dem vorliegenden Werk hat sie *Kathedrale des Kosmos*, ein Buch über die heilige Geometrie Chartres', das in mehrere Sprachen übersetzt wurde, sowie *Chartres für die Jackentasche,* einen handlichen Führer im Kleinformat, publiziert.

Die Autorin hält seit Jahren in Deutschland, Österreich und der Schweiz Vorträge über die Kathedrale von Chartres.

Empfehlenswerte Bücher über Chartres

Sonja Ulrike Klug:
Kathedrale des Kosmos
Die heilige Geometrie von Chartres
Kluges Verlag
ISBN 978-3-9810245-1-7
248 S., mit zahlr. Farbfotos, 24,80 EUR

Blume des Lebens, goldener Schnitt und Zahlensymbolik – in den Maßen und Proportionen von Chartres verbergen sich viele Geheimnisse, deren Spuren die Autorin von den Kelten, über die Tempelritter bis ins Mittelalter verfolgt.

»Sonja U. Klug bietet faszinierende Antworten. Spannender kann man über Architektur kaum schreiben.« WELT AM SONNTAG 18.3.2001

»Nach der Lektüre sieht der faszinierte Leser die Gotik mit anderen Augen. Am liebsten möchte er eintauchen in die rätselhafte Welt der Tempelritter und gotischen Baumeister, zu der ›Kathedrale des Kosmos‹ der Schlüssel ist.« MATRIX 3000, SEPT. 2006

Sonja Ulrike Klug:
Chartres für die Jackentasche
Der Mini-Führer durch die Kathedrale
Kluges Verlag
ISBN 978-3-9810245-4-8,
128 Seiten, 9,98 EUR

Dieser kleine Führer im handlichen Format passt in jede Tasche – der ideale Begleiter zum Lesen und Nachschlagen beim Besuch der Kathedrale!

Kurz und bündig macht der Mini-Führer mit den wichtigsten Besonderheiten des Bauwerks vertraut. Viele Abbildungen veranschaulichen den Inhalt.

Besuchen Sie uns im Internet:
www.kluges-verlag.de